北大版新一代对外汉语教材·短期培训系列

MW01100928

英日韩文注释本

Magic Chinese

魔力汉语

（下）

——初级汉语口语

姚晓琳　　何　薇　　林齐倩　编著

唐凤珍　　日文注释

张世镇　　韩文注释

倪　颖　　正文插图

北京大学出版社

北　京

图书在版编目(CIP)数据

魔力汉语(下):初级汉语口语/姚晓琳 等 编著.—北京:北京大学出版社,2003.5
(北大版新一代对外汉语教材·短期培训系列)

ISBN 978-7-301-05994-4

Ⅰ.魔… Ⅱ.①姚… ②何… ③林… Ⅲ.汉语–口语–对外汉语教学–教材 Ⅳ.H195.4

中国版本图书馆 CIP 数据核字(2002)第 093564 号

书　　　　名:	魔力汉语(下)——初级汉语口语
著作责任者:	姚晓琳　何薇　林齐倩　编著
责 任 编 辑:	沈浦娜　spn@pup.pku.edu.cn
标 准 书 号:	ISBN 978-7-301-05994-4/H·0804
出 版 发 行:	北京大学出版社
地　　　　址:	北京市海淀区成府路 205 号　100871
网　　　　址:	http://www.pup.cn
电　　　　话:	邮购部 62752015　发行部 62750672　编辑部 62752028　出版部 62754962
电 子 邮 箱:	zpup@pup.pku.edu.cn
印 　刷 　者:	北京大学印刷厂
经 　销 　者:	新华书店

787 毫米×1092 毫米　16 开本　12.375 印张　333 千字
2003 年 5 月第 1 版　2008 年 4 月第 4 次印刷

定　　　　价: 33.00 元

未经许可,不得以任何方式复制或抄袭本书之部分或全部内容。

版权所有,侵权必究　　举报电话: 010-62752024
电子邮箱: fd@pup.pku.edu.cn

目 录
Contents

魔力汉语

编写说明
Preface

　　本书是为短期留学的外国人编写的初级汉语听说教材,分上下两册,各15课。上册供零起点学生使用,下册则适用于掌握了300至400个汉语单词的学习者。本书选用的都是规范、自然的当代普通话口语材料。全书主要通过人物活动时所出现的场景,反映一定的语言环境,使学习者能够接触汉语口语的基础知识,逐步提高汉语日常交际表达能力。在以话题情景为纲组织教材内容的同时,还以《汉语水平考试》(HSK)的甲级语法点和词汇点为依据安排语言知识的学习,侧重培养学习者听和说的能力。本书的特点主要有:

　　1. 实用性强。实用性是本书的第一宗旨,注重学习者的"好用性"。汉语拼音标注实读音,词性标注及注释主要结合课文,不求全面,尽量避免专业术语。尽量选择实用、使用频率高的语句,力求生动、有趣、口语化。每课会话和重点句型均配有汉语拼音和英文翻译。书后的词汇总表、重点句型"学一学"及文化交际小贴士"你知道吗?"加注日、韩语种的翻译,便于更多国家的学习者查阅。

　　2. 内容新颖。话题的选择上,"开账户"、"自动售货机"、"理发"、"约会"等话题既实用又有时代感。除基本生词外,我们还选用了一批最近几年流行的新词语,例如:买单、T恤、网虫、网吧、打工、打折、钟点房、酷等等。形式上,所有以汉字形式出现的课文、练习的小标题都采用"A — A"的表达形式,另外,配有生动活泼的插图也是本书的一大特点。

　　3. 练习多样化。练习部分主要包括机械操练、理解运用及结合实际灵活运用三部分。在练习部分我们有意识地增加了一定量的新词语,采用了较为多样的练习形式,注重词语和句型重现率的同时也注意给教学双方较大的扩展使用平台。

　　本书每课的基本结构如下:
说一说:会话,每一个小场景一般都配有插图,既相互关联又相对独立;
学一学:基本句型及重点句式;
记一记:会话中的基本生词;

跟我念：练习基本生词及句子的语音、语调；

试一试：替换与扩展，这一部分主要加强学习者对汉语结构的认识，同时补充一些常用词语；

做一做：根据会话内容编写的机械练习，包括完成会话、对划线部分提问等；

连一连：联词成句，从语序上加深学习者对每课重点生词、句型、会话点的理解；

译一译：汉译英（日、韩）等翻译练习；

听一听，辨一辨：每课话题结合实际听力的提高练习；

读一读（念一念），答一答：用会话或者陈述的方式增加一些语段的练习（相当于副课文）；

看一看，说一说：看图说话；

练一练：辨音、绕口令、顺口溜儿、民歌等语音练习部分；

"你知道吗？"：文化、交际小贴士。跟本课话题相关的语用、国情等方面的补充；

注一注：第二册增加了这个版块，即"注释"部分。

为了方便学习者使用，第一册加有《汉语拼音总表》、《汉语词类表》及《主要人物介绍》，各册书后附有《部分练习参考答案及听力文本》、《"学一学"和"你知道吗？"日、韩文翻译》以及《词汇总表》（包括基本生词和补充生词，配日、韩文翻译）。

本教材可供初学者50至60个课时使用。

这两册书是在本人及何薇、林齐倩的共同努力下编写完成的，她们二人还分别承担了全书的英文翻译工作。本书的日文翻译是唐凤珍老师，韩文翻译是张世镇先生。封面及正文插图出自倪颖小姐，在编写过程中本书还得到了苏州大学的陆庆和、钱景炜，国家汉办的姜明宝以及北大出版社郭荔和沈浦娜等几位老师的热情帮助和指导，在此一并感谢！

姚晓琳

2002 年 8 月 10 日

于苏州大学海外教育学院

主要人物介绍
Zhǔyào rénwù jièshào
Persons in the Texts

陈小丽　大学生　19岁
活泼可爱　爱好广泛

大卫　英国留学生　19岁
活泼幽默　最大的爱好是
睡懒觉

田中幸子　日本留学生　18岁
喜欢逛街　爱听流行音乐

丁凡　大学生　　20岁
喜欢旅游　是个网虫

陈平　陈小雨的爷爷　　62岁
汉语老师　老顽童　美食家

第一课　你在这儿生活习惯吗?
Dì-yī kè　Nǐ zài zhèr shēnghuó xíguàn ma?
Lesson One　Are you used to living here?

 说一说 Shuō yi shuō Read the dialogues.

幸　子：老师，早上好!

Xìngzǐ：　Lǎoshī, zǎoshang hǎo!

陈　平：你早!

Chén Píng：Nǐzǎo!

幸　子：您身体好吗?

Xìngzǐ：　Nín shēntǐ hǎo ma?

陈　平：很好,谢谢。你来中国多长时间了?

Chén Píng：Hěn hǎo, xièxie. Nǐ lái Zhōngguó duō cháng shíjiān le?

幸　子：快三个星期了。

Xìngzǐ：　Kuài sān ge xīngqī le.

陈　平：在这儿生活习惯吗?

Chén Píng：Zài zhèr shēnghuó xíguàn ma?

幸　子：还不太习惯。老师,您去哪儿?

Xìngzǐ：　Hái bú tài xíguàn. Lǎoshī, nín qù nǎr?

陈 平：我去教室上课。你呢?
Chén Píng：Wǒ qù jiàoshì shàngkè。Nǐ ne?

幸 子：我也去教室。
Xìngzǐ：　Wǒ yě qù jiàoshì。

陈 平：好,我们一起走吧。
Chén Píng：Hǎo, wǒmen yìqǐ zǒu ba。

学一学 Xué yi xué

Learn the following sentence patterns.

1. 您身体好吗?
   Nín shēntǐ hǎo ma?
   How are you?

2. 你来中国多长时间了?
   Nǐ lái Zhōngguó duō cháng shíjiān le?
   How long have you been in China?

3. 你在这儿生活习惯吗?
   Nǐ zài zhèr shēnghuó xíguàn ma?
   Are you used to living here?

4. 你去哪儿?
   Nǐ qù nǎr?
   Where are you going?

5. 我去教室上课。
   Wǒ qù jiàoshì shàngkè。
   I'm going to the classroom for classes.

记一记 Jì yi jì Learn the new words and expressions.

老师	（名）	lǎoshī	teacher
来	（动）	lái	to come
多长		duō cháng	how long

快	（副）	kuài	soon
星期	（名）	xīngqī	week
这儿	（代）	zhèr	here
生活	（动）	shēnghuó	to live
习惯	（动）	xíguàn	to get used to
太	（副）	tài	too
哪儿	（代）	nǎr	where
一起	（副）	yìqǐ	together
走	（动）	zǒu	to walk

 注一注 Zhù yi zhù Notes

1. 您身体好吗？
   第二人称代名词"你"的尊称。通常用于老年人、长辈或尊敬的人。

2. 还不太习惯。
   副词"还"表示动作或者状态持续不变。
   例如：
   （1）下课了，他还在教室学习。
   （2）现在还不太冷。
   （3）大卫还不习惯在中国的生活。

3. 我们一起走吧。
   助词"吧"用在祈使句末尾，表示命令、请求、催促、建议等。
   例如：
   （1）别着急，等着吧。
   （2）我们买这种苹果吧。
   （3）你快点儿走吧，来不及了！

跟我念 Gēn wǒ niàn Read after me.

duō	duó	duǒ	duò	duō	多长时间
chāng	cháng	chǎng	chàng	cháng	
shī	shí	shǐ	shì	shí	
jiān	jián	jiǎn	jiàn	jiān	
shēng	shéng	shěng	shèng	shēng	生活习惯
huō	huó	huǒ	huò	huó	
xī	xí	xǐ	xì	xí	
guān	guán	guǎn	guàn	guàn	
qū	qú	qǔ	qù	qù	去教室
jiāo	jiáo	jiǎo	jiào	jiào	
shī	shí	shǐ	shì	shì	

shēnghuó（生活）   xíguàn（习惯）

shēnghuó xíguàn（生活习惯）   yìqǐ（一起）

shàngkè（上课）   qù jiàoshì（去教室）

duō cháng shíjiān（多长时间）   nín shēntǐ hǎo ma（您身体好吗）

zài zhèr shēnghuó hái bú tài xíguàn（在这儿生活还不太习惯）

上课   shàngkè

去教室上课   qù jiàoshì shàngkè

一起去教室上课   yìqǐ qù jiàoshì shàngkè

我们一起去教室上课。   Wǒmen yìqǐ qù jiàoshì shàngkè.

我们跟老师一起去教室上课。

Wǒmen gēn lǎoshī yìqǐ qù jiàoshì shàngkè.

星期   xīngqī

一个星期   yí ge xīngqī

快一个星期了   kuài yí ge xīngqī le

来这儿快一个星期了   lái zhèr kuài yí ge xīngqī le

他来这儿快一个星期了。   Tā lái zhèr kuài yí ge xīngqī le.

试一试 Shì yi shì Substitute the underlined parts.

1. 你<u>身体好</u>吗？

渴（kě, thirsty）；	忙；
累（lèi, tired）；	热

2. 你在<u>这儿</u>生活习惯吗？

中国；	那儿；
大学里；	北京

3. 您去哪儿？
   我去<u>教室</u><u>上课</u>。

商店	买东西；
网吧	上网；
房间	休息

4. 你<u>去哪儿</u>？

吃了吗；	去买东西啊；
去上课啊；	最近忙吗

5. 你来<u>中国</u>多长时间了？
   <u>三个星期</u>了。

北京	两个月；
上海	五年；
广州	四天

做一做 Zuò yi zuò　Fill in the blanks.

1. A、B：老师，_____。
　　老师：你们早！

2. A：你来中国_____？
　　B：两个星期了。

3. 丁凡：大卫，_____？
　　大卫：习惯，谢谢！
　　丁凡：幸子也习惯吗？
　　大卫：_____，我们_____。

4. 大卫：小雨，_____？
　　小雨：我去学校，你呢？
　　大卫：_____，我们一起走吧。

连一连 Lián yi lián

Rearrange the given words into sentences.

1. 多长　来　你　中国　时间　了
2. 不　幸子　生活　这儿　习惯　在
3. 都　很　习惯　我们　中国　生活　的
4. 他们　教室　上课　去　一起
5. 最近　不　太　身体　他　好

译一译 Yì yi yì　Translate the following sentences.

1. 你在中国多长时间了？
2. 快五个月了。
3. 你去哪儿？

6

念一念,答一答 Niàn yi niàn, dá yi dá

Read the passage and answer the questions.

幸子的日记:

今天是二月十九号,星期一,我开始(kāishǐ, to begin)在北京大学学习汉语。每天(měi tiān, every day)早上八点开始上课,一节课45分钟,一天有四节(jié, a classifier)课。这是我第一次来中国,我很喜欢中国,我会尽力(jìnlì, to do one's best)学好汉语。

问题:

1. 幸子什么时候开始在北京大学学习汉语?
2. 她一天上几节课?
3. 她是第一次来中国吗?

 听一听,辨一辨 Tīng yi tīng, biàn yi biàn

Listen and distinguish sounds and tones.

shāngliang(商量)   xiǎngliàng(响亮)

jīxīn（鸡心）   zhīxīn（知心）

zájì(杂技）   zázhì(杂志)

dà xǐ(大喜）   dàshǐ(大使)

bù jí（不急)   bù zhí(不直)

xīshēng(牺牲)   shīshēng(师生)

你知道吗? Nǐ zhīdào ma? Do you know?

英语最常用的招呼语是 "Hi" "How are you?" "How do you do?",此外还有 "Good morning! Good afternoon! Good evening!" 等。

汉语最常用的招呼语是 "你(您)好",可用在任何时候。早上见面时常说 "你(您)早" 或 "早上好",下午和晚上见面时一般不说 "下午好","晚上好",只说 "你好"。熟人之间有独特的打招呼和问候的方式,如 "你吃了吗?"、"你去哪儿?"、"你出去啊?"、"下班了?" 等等。这类招呼语只表示亲切感,问者对实际情况并不感兴趣。

People generally greet each other in English by saying "Hi!", "How are you?", "How do you do?", "Good morning.", "Good afternoon.", "Good evening.", etc.

In Chinese, the most common way to greet others is to say "你(您)好!", which can be used at any time. "你(您)早。" or "早上好。" is used for greetings in the morning. When people meet in the afternoon or in the evening, "下午好。", "晚上好。" or just "你好。" is used.

Common greeting among acquaintances are "你吃了吗?"(Have you already had your meal?), "你去哪儿?"(Where are you going?), "你出去啊?"(Are you going somewhere?), "下班了?"(Are you back from work?), and so on. These greetings are just a way to show friendliness without any attempt to interfere with others' personal affairs. The person who asks such questions actually does not care about what the response really is.

第二课　真高兴认识你!

Dì-èr kè　　　Zhēn gāoxìng rènshi nǐ!

Lesson Two　　I am glad to meet you.

 说一说 Shuō yi shuō Read the dialogues.

大 卫：嗨，你好，我是大卫，你叫什么名字?

Dàwèi:　　Hāi, nǐ hǎo, wǒ shì Dàwèi, nǐ jiào shénme míngzi?

丁 凡：你好，大卫，我姓丁，叫丁凡。你是哪国人?

Dīng Fán: Nǐ hǎo, Dàwèi, wǒ xìng Dīng, jiào Dīng Fán。 Nǐ shì nǎ guó rén?

大 卫：我是英国留学生。丁凡，你多大了?

Dàwèi:　　Wǒ shì Yīngguó liúxuéshēng。 Dīng Fán, nǐ duō dà le?

丁 凡：我是一九八二年生的,今年二十岁。你呢?

Dīng Fán: Wǒ shì yījiǔbā' èr nián shēng de, jīnnián èrshí suì。 Nǐ ne?

大 卫：我十九,比你小一岁。真高兴认识你!

Dàwèi:　　Wǒ shíjiǔ, bǐ nǐ xiǎo yí suì。 Zhēn gāoxìng rènshi nǐ。

丁 凡：认识你我也很高兴。

Dīng Fán: Rènshi nǐ wǒ yě hěn gāoxìng。

大　卫：老师，我听不懂，请说慢一点儿。
Dàwèi:　　Lǎoshī, wǒ tīng bu dǒng, qǐng shuō màn yìdiǎnr.

陈　平：好。你是第一次来中国吗？
Chén Píng: Hǎo. Nǐ shì dì-yī cì lái Zhōngguó ma?

大　卫：是的。老师，请问，您贵姓？
Dàwèi:　　Shìde. Lǎoshī, qǐngwèn, nín guì xìng?

陈　平：我姓陈，叫陈平。你的发音很好。
Chén Píng: Wǒ xìng Chén, jiào Chén Píng. Nǐ de fāyīn hěn hǎo.

大　卫：哪里，还差得远呢。
Dàwèi:　　Nǎli, hái chà de yuǎn ne.

陈　平：来中国以前，你学过汉语吗？
Chén Píng: Lái Zhōngguó yǐqián, nǐ xuéguo Hànyǔ ma?

大　卫：只学过一点儿。
Dàwèi:　　Zhǐ xuéguo yìdiǎnr.

陈　平：学了多长时间？
Chén Píng: Xuéle duō cháng shíjiān?

大　卫：半年。
Dàwèi:　　Bàn nián.

学一学 Xué yi xué

Learn the following sentence patterns.

1. 你多大了?
   Nǐ duō dà le?
   How old are you?

2. 我是一九八二年生的,今年二十岁。
   Wǒ shì yījiǔbā' èr nián shēng de, jīnnián èrshí suì.
   I was born in 1982. I am 20 years old.

3. 你是第一次来中国吗?
   Nǐ shì dì-yī cì lái Zhōngguó ma?
   Is this your first time in China?

4. 真高兴认识你!
   Zhēn gāoxìng rènshi nǐ。
   I am glad to meet you.

5. 来中国以前,你学过汉语吗?
   Lái Zhōngguó yǐqián, nǐ xuéguo Hànyǔ ma?
   Did you learn any Chinese before you came to China?

记一记 Jì yi jì

Learn the new words and expressions.

多(大)	(副)	duō(dà)	how (old)
生	(动)	shēng	to be born
今年	(名)	jīnnián	this year
岁	(名)	suì	age
听	(动)	tīng	to listen
懂	(动)	dǒng	to understand
说	(动)	shuō	to speak
慢	(形)	màn	slow

一点儿	（副）	yìdiǎnr	a little
发音	（名）	fāyīn	pronunciation
还	（副）	hái	still
差	（形）	chà	different
远	（形）	yuǎn	far
过	（助）	guò	（a structural particle）

 ## 注一注 Zhù yi zhù Notes

1. 你学过汉语吗?

   "过"是动态助词,跟在动词后,表示某个动作曾在过去发生。

   例如:

   (1) 我学过汉语。

   (2) 他来过中国,没去过日本。

   (3) 她没吃过这个菜。

2. 学了多长时间?

   "了"跟在动词后面,是动态助词。表示某个动作已经完成。

   例如:

   (1) 我看了一场电影。

   (2) 他买了一件衣服。

   (3) 我吃了饭去学校。

3. 哪里,还差得远呢。

   听到赞美时表示谦虚的应答语,也可以说"哪里哪里"。

4. 我是一九八二年生的。

   "是……的"用来强调动作发生的时间、处所、方式等。

例如：

（1）我们是昨天到的。

（2）幸子是从日本来的。

（3）他是坐火车去上海的。

 跟我念 Gēn wǒ niàn Read after me.

liū	liú	liǔ	liù	liú	留	留学	
xuē	xué	xuě	xuè	xué	学		留学生
shēng	shéng	shěng	shèng	shēng	生		
tīng	tíng	tǐng	tìng	tīng	听		
dōng	dóng	dǒng	dòng	dǒng	懂		
shuō	shuó	shuǒ	shuò	shuō	说		
mān	mán	mǎn	màn	màn	慢		
zhēn	zhén	zhěn	zhèn	zhēn	真		真高兴
gāo	gáo	gǎo	gào	gāo	高	高兴	
xīng	xíng	xǐng	xìng	xìng	兴		

时间	shíjiān
多长时间	duō cháng shíjiān
学了多长时间	xuéle duō cháng shíjiān
汉语学了多长时间	Hànyǔ xuéle duō cháng shíjiān
你汉语学了多长时间？	Nǐ Hànyǔ xuéle duō cháng shíjiān?
你学汉语学了多长时间？	Nǐ xué Hànyǔ xuéle duō cháng shíjiān?

你在北京大学学汉语学了多长时间？

Nǐ zài Běijīng Dàxué xué Hànyǔ xuéle duō cháng shíjiān?

一岁	yí suì
小一岁	xiǎo yí suì
比丁凡小一岁	bǐ Dīng Fán xiǎo yí suì
大卫比丁凡小一岁。	Dàwèi bǐ Dīng Fán xiǎo yí suì.

试一试 Shì yi shì Substitute the underlined parts.

1. 我姓<u>陈</u>,叫<u>陈平</u>。

丁	丁凡;
陈	陈小雨;
田中	田中幸子

2. 我是<u>一九八二年</u>生的,今年<u>二十</u>岁。

她	一九八五年	十七;
大卫	一九八三年	十九;
我妈妈	一九四九年	五十三;
他奶奶(nǎinai, grandmother)	一九二六年	七十六

3. 请说<u>慢</u>(一)点儿。

写快;
穿多;
走慢;
来早(zǎo, early)

4. 你<u>学</u>过<u>汉语</u>吗?

吃	中国菜;
问	老师;
去	教室;
听	录音(lùyīn, tape recording)

5. A:你<u>学</u>了多长时间?
   B:<u>半年</u>。

> 休息　　　　十五分钟;
> 玩儿　　　　半个小时;
> 听　　　　　一个小时;
> 来　　　　　一年半(十八个月)

 选一选,填一填　Xuǎn yi xuǎn, tián yi tián

Choose the right words and fill in the brackets.

　　　多　　认识　　也　　只　　还

1. 这儿的生活他(　)不习惯。
2. 你去,我(　)去。
3. 你(　　)那位先生吗?
4. 你哥哥(　)大了?
5. 在上海,我(　)认识你一个人。

 做一做　Zuò yi zuò　Fill in the blanks.

1. A:老师,您贵姓?
   B:＿＿＿＿＿＿。
   A:我不认识那个人,她是韩国人吗?
   B:不,＿＿＿＿＿＿。她叫田中幸子。

2. A:丁凡,＿＿＿＿＿＿?
   B:我今年二十岁。
   A:很高兴认识你!
   B:＿＿＿＿＿＿。

3. A：你学汉语学了_____？

B：一年半了。

A：你的发音很好。

B：_____。

 连一连 Lián yi lián

Rearrange the given words into sentences.

1. 你　　我　　　　　很　　　也　　高兴　　认识
2. 请　　慢　　　　　说　　　老师　一点儿
3. 大卫　一九八二年　是　　　的　　生
4. 我　　中国　　　　第一次　是　　不　　　　来
5. 很　　的　　　　　你　　　发音　不错

 译一译 Yì yi yì Translate the following sentences.

1. 您贵姓？
2. 你叫什么名字？
3. 你是哪国人？
4. 你多大了？
5. 请说慢一点儿。
6. 我学了半年汉语。

 念一念，答一答 Niàn yi niàn, dá yi dá

Read the passage and answer the questions.

幸子的日记：

　　来中国以前，我学过半年汉语。我觉得汉语很难（nán, difficult），特别（tèbié, especially）是声调（shēngdiào, tone）和汉字（hànzì, Chinese character），但我对汉语很感兴趣（gǎn xìngqù, to be interested in）。现在我在北京大学学习，从星期一到星期五

都有课。星期六和星期天休息。我常常和中国朋友聊天，这对我学习汉语很有帮助（bāngzhù, helpful）。

问题：

    1. 幸子觉得汉语难吗？

    2. 什么特别难？

    3. 幸子一个星期上几天课？什么时候休息？

听一听，辨一辨 Tīng yi tīng, biàn yi biàn

Listen and distinguish sounds and tones.

bā kē	（八棵）	bà kè	（罢课）
bùgào	（布告）	bù gāo	（不高）
qiān xiàn	（牵线）	qiánxiàn	（前线）
jiàoshì	（教室）	jiàoshī	（教师）
xiǎojie	（小姐）	xiǎo jiē	（小街）
xiānsheng	（先生）	xiǎnshèng	（险胜）
nǎli	（哪里）	nàli	（那里）
yǐjing	（已经）	yì jīng	（一经）
rènshi	（认识）	rénshì	（人士）

看一看，说一说 Kàn yi kàn, shuō yi shuō

Look at the pictures and talk about them.

我的生日是＿＿＿＿年＿＿＿月＿＿＿＿日，属＿＿＿＿＿。

中国的十二生肖动物名称是：鼠 shǔ、牛 niú、虎 hǔ、兔 tù、龙 lóng、蛇 shé、马 mǎ、羊 yáng、猴 hóu、鸡 jī、狗 gǒu 和猪 zhū。

你知道吗? Nǐzhīdàoma? Do you know?

在询问人的年龄时,要根据实际情况来选择不同的问法。如果对方的年龄比我们大,是我们的长辈,我们应该采用礼貌的问法,如:"您今年多大年纪了?""您今年多大岁数了?"如果对方的年纪跟我们差不多,我们可以说"你今年多大了?"如果对方是一个孩子,我们可以说"你今年几岁?"

欧美人受到称赞,马上说 Thank you,中国人听到夸奖时常非常谦虚地说:"哪里,哪里!""哪里,还差得远呢!"等等。

There are different ways to ask about others' ages. With a senior, a polite way is "您今年多大年纪了?" or "您今年多大岁数了?", while "你今年多大了?" is more appropriate for someone who is about the same age as the person who asks. When it comes to a child, "你今年几岁?" is preferred.

When praised, westerners will respond "Thank you", while the Chinese often use such expressions as "哪里,哪里", (I don't really deserve it.) or "哪里,还差得远呢!" (I am still far from being perfect.)to show modesty.

第三课　喂，请接2310号房间。

Dì-sān kè　　Wèi, qǐng jiē èrsānyāolíng hào fángjiān

Lesson Three Hello! Please connect me to Room 2310.

 说一说 Shuō yi shuō Read the dialogues.

服务员：喂——
fúwùyuán：　Wèi

丁　凡：喂，请问，是3号楼吗？
Dīng Fán：　Wèi, qǐngwèn, shì sān hào lóu ma?

服务员：对。您找谁？
fúwùyuán：　Duì。Nín zhǎo shuí?

丁　凡：麻烦您叫一下3105号房间的田中幸子。
Dīng Fán：　Máfan nín jiào yíxià sānyāolíngwǔ hào fángjiān de TiánZhōng
　　　　　　Xìngzǐ。

服务员：好，请等一下儿。
fúwùyuán：　Hǎo, qǐng děng yíxiàr。

服务员： 您好，北京饭店。
fúwùyuán:　Nín hǎo, Běijīng Fàndiàn.

大　　卫： 请接 2310 号房间。
Dàwèi:　　Qǐng jiē èrsānyāolíng hào fángjiān.

服务员： 请稍等。
fúwùyuán:　Qǐng shāo děng.

幸 子：喂——

Xìngzǐ: Wèi

大 卫：请问，幸子在吗？

Dàwèi: Qǐngwèn, Xìngzǐ zài ma?

幸 子：我就是，你是哪位？

Xìngzǐ: Wǒ jiù shì, nǐ shì nǎ wèi?

大 卫：我是大卫。

Dàwèi: Wǒ shì Dàwèi.

幸 子：有什么事儿吗？

Xìngzǐ: Yǒu shénme shìr ma?

大 卫：我身体不舒服，明天不能去上课了。你帮我请个假，好吗？

Dàwèi: Wǒ shēntǐ bù shūfu, míngtiān bù néng qù shàngkè le. Nǐ bāng wǒ qǐng ge jià, hǎo ma?

幸 子：没问题。你好好休息吧。

Xìngzǐ: Méi wèntí. Nǐ hǎohāo xiūxi ba.

大 卫：谢谢。

Dàwèi: Xièxie.

幸 子：不客气。再见。

Xìngzǐ: Búkèqi. Zàijiàn.

大 卫：再见。

Dàwèi: Zàijiàn.

 ## 学一学 Xué yi xué

Learn the following sentence patterns.

1. 喂，请问，是3号楼吗？

Wèi, qǐngwèn, shì sān hào lóu ma?

Hello. Is that Building 3?

2. 麻烦您叫一下3105号房间的田中幸子。

Máfan nín jiào yíxià sānyāolíngwǔ hào fángjiān de TiánZhōng Xìngzǐ.

I'd like to speak to TianZhong Xingzi who lives in Room 3105.

3. 请问,幸子在吗?

   Qǐngwèn, Xìngzǐ zài ma?

   Hello, may I speak to Xingzi?

4. 我就是,你是哪位?

   Wǒ jiù shì, nǐ shì nǎ wèi?

   Yes. Who's that?

 记一记 Jì yi jì Learn the new words and expressions.

找	（动）	zhǎo	to look for
麻烦	（动）	máfan	to trouble
一下(儿)		yíxiàr	a bit, a moment (used after a verb to indicate an informal action)
房间	（名）	fángjiān	room
等	（动）	děng	to wait
接	（动）	jiē	to connect
稍	（副）	shāo	a little, a moment
哪	（代）	nǎ	which
位	（量）	wèi	(a classifier)
帮	（动）	bāng	to help
请假		qǐng jià	to ask for leave
不客气		búkèqi	You are welcome.

 注一注 Zhù yi zhù Notes

1. 喂,请问,是 3 号楼吗?

   叹词,常用于招呼对方,引起对方注意(打电话时常用)。

   例如:

   (1) 喂,是北京大学吗?

   (2) 喂,你在干什么?

   (3) 喂,你来一下。

2. 喂,请问,是三号楼吗?

　　电话接通后,中国人常先确认接电话一方是否自己所
要通话的一方。

　　向别人提出问题,请求别人帮助时,常先说"请问",这
是一种礼貌的表示。

　　例如:

　　(1) 喂,请问,是北京饭店吗? ……不是,你打错了。

　　(2) 请问,大卫在吗?

　　(3) 请问,这件 T 恤多少钱?

3. 麻烦您叫一下 3105 号房间的田中幸子。

　　在接受别人帮助时,为了表示感谢,经常用"麻烦……",含
有抱歉的意思。

　　例如:

　　(1) A:你要的书,我给你买来了。

　　　　　B:太麻烦您了。

　　(2) 麻烦你帮我请个假。

 跟我念 Gēn wǒ niàn Read after me.

wēi	wéi	wěi	wèi	wèi	喂
jiē	jié	jiě	jiè	jiē	接
shāo	sháo	shǎo	shào	shāo	稍
dēng	déng	děng	dèng	děng	等
mā	má	mǎ	mà	má	麻
nā	ná	nǎ	nà	nǎ	哪
qīng	qíng	qǐng	qìng	qǐng	请
jiā	jiá	jiǎ	jià	jià	假
shū	shú	shǔ	shù	shū	舒
lōu	lóu	lǒu	lòu	lóu	楼

稍等(稍 等); 请假(请 假)

幸子

Xìngzǐ

留学生幸子

liúxuéshēng Xìngzǐ

日本留学生幸子

Rìběn liúxuéshēng Xìngzǐ

3105 号房间的日本留学生幸子

sānyāolíngwǔ hào fángjiān de Rìběn liúxuéshēng Xìngzǐ

叫一下 3105 号房间的日本留学生幸子

jiào yíxià sānyāolíngwǔ hào fángjiān de Rìběn liúxuéshēng Xìngzǐ

麻烦您叫一下 3105 号房间的日本留学生幸子。

Máfan nín jiào yíxià sānyāolíngwǔ hào fángjiān de Rìběn liúxuéshēng Xìngzǐ。

请假

qǐng jià

请个假

qǐng ge jià

我请个假。

Wǒ qǐng ge jià。

帮我请个假

bāng wǒ qǐng ge jià

你帮我请个假。

Nǐ bāng wǒ qǐng ge jià。

麻烦你帮我请个假。

Máfan nǐ bāng wǒ qǐng ge jià。

试一试 Shì yi shì Substitute the underlined parts.

1. 喂，是 <u>3 号楼</u>吗？

> 北京饭店;
>
> 北京大学;
>
> 留学生宿舍（sùshè, dormitory）;
>
> 中国银行

2. 麻烦您<u>叫一下</u> 3105 号房间的田中幸子。

> 稍微 shāo wēi 等一会儿;
>
> 来一下;
>
> 给我打个电话

25

3. 请<u>等</u>一下儿。

看；	说；
写；	读（dú, to read）

4. 请问，<u>幸子</u>在吗？

陈老师；	王先生；
李小姐；	丁凡

 做一做 Zuò yi zuò Fill in the blanks.

1. A：喂，是留学生宿舍吗？

   B：对，＿＿＿＿＿＿＿？

   A：我找丁凡。

   B：我去叫他，＿＿＿＿＿＿＿。

2. A：喂，＿＿＿＿＿＿＿？

   B：对，我是北大。

   A：麻烦您＿＿＿＿＿＿＿陈先生。

   B：请等一下，我去叫他。

3. A：喂，＿＿＿＿＿＿＿，幸子＿＿＿＿＿＿＿？

   B：我就是，＿＿＿＿＿＿＿？

   A：我是小雨。

连一连 Lián yi lián

Rearrange the given words into sentences.

1. 喂　　吗　　是　　陈老师
2. 可以　　吗　　大卫　　一下　　叫
3. 什么　　吗　　有　　你　　事儿
4. 麻烦　　请个假　　我　　你　　帮
5. 请　　稍　　你们　　一下　　等

读一读 Dú yi dú Read aloud.

1. 房间号：

    101　　117　　1229　　2300

2. 电话号码：

    65221028　　　　010–67269436　　021–31157934

    52236149–3374　　13904875624　　13017889120

3. 时间：

    10:00　　6:30　　4:35　　8:05　　7:15

    9:25　　11:45　　2:55　　3:20　　12:10

4. 你知道什么时候打下列电话吗？

    110　　114　　117　　119　　120　　121

译一译 Yì yi yì Translate the following sentences.

1. 喂，是丁凡吗？

    —我就是，你是哪位？

2. 喂，陈老师在吗？

    —对不起，他不在。

3. 能告诉我你的手机号码吗？

4. 请稍等！

5. 我病了，想明天请个假。

魔力汉语

听一听，辨一辨 Tīng yi tīng, biàn yi biàn
Listen and distinguish sounds and tones.

piāoyáng（ 飘扬 ） *flutter*　　biǎoyáng（ 表扬 ） *praise*

dǒngle（ 懂了 ）　　tōngle（ 通了 ）

xiāoxi（ 消息 ） *news*　　jiāojí（ 焦急 ） *anxious*

gǔzhǎng（ 鼓掌 ） *applaud*　　kùcháng（ 裤长 ） *trousers, (fù)*

shǎo chī（ 少吃 ）　　xiǎochī（ 小吃 ）

máfan（ 麻烦 ）　　nàhǎn（ 呐喊 ） *shout*

shūfu（ 舒服 ）　　shūhu（ 疏忽 ） *forget careless.*

xiūxi（ 休息 ）　　xiūshì（ 修饰 ） *decorate*

练一练 Liàn yi liàn Read the following jingle aloud.

男旅客的上衣 *traveller*　　Nán lǚkè de shàngyī

有蓝纽扣 *button*　　Yǒu lán niǔkòu

女旅客的帽子　　Nǚ lǚkè de màozi

有小绿球　　Yǒu xiǎo lǜ qiú

男旅客走进了酒楼　　Nán lǚkè zǒujìnle jiǔlóu

女旅客涌入了人流　　Nǚ lǚkè yǒngrùle rénliú

看一看,说一说 Kàn yi kàn, shuō yi shuō
Look at the pictures and talk about them.

1. 打电话给好朋友,约她明天晚上八点一起去看电影。

2. 给家里人打电话,告诉他们你在中国的留学生活。

3. 给陈平老师打电话,跟他谈谈怎样提高汉语水平。

 你知道吗? Nǐ zhīdào ma? Do you know?

我们在记电话号码时,常使用谐音来帮助记忆,如 71758258(亲一亲我吧爱我吧)。这个方法不错吧? 你也可以试试哦!

Onomatopoeia is a good way to help us remember a telephone number. For instance, the Chinese onomatopoeia of 71758258 can be "亲一亲我吧爱我吧"(Kiss me and love me).

第四课　不见不散！

Dì-sì　kè　　Bújiàn-búsàn!

Lesson Four　I will wait there until seeing you.

 说一说 Shuō yi shuō Read the dialogues.

大　卫：小雨，明天你有空儿吗？我有两张音乐会的票。

Dàwèi：　Xiǎoyǔ, míngtiān nǐ yǒu kòngr ma? Wǒ yǒu liǎng zhāng yīnyuèhuì de piào。

小　雨：真的吗？我昨天去买，但是已经卖完了。

Xiǎoyǔ：　Zhēn de ma? Wǒ zuótiān qù mǎi, dànshì yǐjing mài wán le。

大　卫：那我们一起去听音乐会吧。

Dàwèi：　Nà wǒmen yìqǐ qù tīng yīnyuèhuì ba。

小　雨：好吧。

Xiǎoyǔ：　Hǎo ba。

大　卫：太好了！明天晚上六点我在音乐厅门口等你，不见不散。

Dàwèi：　Tài hǎo le! Míngtiān wǎnshang liù diǎn wǒ zài yīnyuètīng ménkǒu děng nǐ, bújiàn-búsàn。

辛　子：晚上去看电影吧！
Xìngzǐ:　Wǎnshang qù kàn diànyǐng ba!

小　雨：对不起，今天晚上不行，改天吧。
Xiǎoyǔ:　Duìbuqǐ, jīntiān wǎnshang bù xíng, gǎitiān ba.

大　卫：小雨，你今天真漂亮！
Dàwèi:　Xiǎoyǔ, nǐ jīntiān zhēn piàoliang!

小　雨：谢谢！（不好意思地笑了笑）
Xiǎoyǔ:　Xièxie!（Bùhǎoyìsi de xiào le xiào）

大　卫：你笑什么？
Dàwèi:　Nǐ xiào shénme?

小　雨：你把玫瑰花拿倒了。
Xiǎoyǔ:　Nǐ bǎ méigui huā ná dào le。

大　卫：啊？（马上正过来）送给你的，希望你喜欢。
Dàwèi:　A? (mǎshàng zhèng guòlai) Sòng gěi nǐ de, xīwàng nǐ xǐhuan。

小　雨：这花很漂亮，我很喜欢。
Xiǎoyǔ:　Zhè huā hěn piàoliang, wǒ hěn xǐhuan。

学一学 Xué yi xué
Learn the following sentence patterns.

1. 明天你有空儿吗？
Míngtiān nǐ yǒu kòngr ma?
Are you free tomorrow?

2. 我们一起去听音乐会吧。
Wǒmen yìqǐ qù tīng yīnyuèhuì ba。
Well, let's go to the concert together.

3. 我在音乐厅门口等你，不见不散。
Wǒ zài yīnyuètīng ménkǒu děngnǐ, bújiàn-búsàn。
I'll wait for you at the gate of the concert hall until seeing you.

4. 对不起，今天晚上不行，改天吧。
Duìbuqǐ, jīntiān wǎnshang bù xíng, gǎitiān ba。
Sorry, I am not available tonight. What about another day?

记一记 Jì yi jì
Learn the new words and expressions.

空儿	（名）	kòngr	free time
音乐会	（名）	yīnyuèhuì	concert
卖	（动）	mài	to sell
音乐厅	（名）	yīnyuètīng	concert hall

不见不散		bújiàn-búsàn	not leave without seeing each other; wait until seeing each other
改天		gǎitiān	another day, some other day
玫瑰花	（名）	méigui huā	rose
拿	（动）	ná	to take
倒	（动）	dào	upside down
送	（动）	sòng	to give as a present

 ## 注一注 Zhù yi zhù Notes

1. 我昨天去买，但是票已经卖完了。

转折连词"但是"引出同上文相对立的意思，或限制、补充上文的意思。

例如：

(1) 音乐会很有意思，但是我今天晚上没空儿。

(2) 汉语很难，但是我们都很喜欢。

(3) 大卫来中国三个星期了，但是他还不太习惯这儿的生活。

2. 你今天真漂亮！

"真漂亮"的意思是"的确漂亮"，表示程度高。

例如：

(1) 你真好。

(2) 学校真大。

3. 我在音乐厅门口等你，不见不散。

意思是"如果不见面，就不离开约会的地点"，这样说是为了强调双方都要赴约。

4. 你笑什么？

意思是"为什么笑？"，类似的说法还有："你们哭什么？"、"你喊什么？"

跟我念 Gēn wǒ niàn Read after me.

yīn	yín	yǐn	yìn	yīn	音	音乐 ⎫
yuē	yué	yuě	yuè	yuè	乐 乐 ⎬ 音乐厅
tīng	tíng	tǐng	tìng	tīng	厅 ⎭
mēn	mén	měn	mèn	mén	门 ⎫
kōu	kóu	kǒu	kòu	kǒu	口 ⎬ 门口
xiāo	xiáo	xiǎo	xiào	xiào	笑
gāi	gái	gǎi	gài	gǎi	改 ⎫
tiān	tián	tiǎn	tiàn	tiān	天 ⎬ 改天
xī	xí	xǐ	xì	xī	希 ⎫
wāng	wáng	wǎng	wàng	wàng	望 ⎬ 希望

你　　　　　　　　　　　　　　　　　　nǐ

等你　　　　　　　　　　　　　　　　　děng nǐ

在门口等你　　　　　　　　　　　　　　zài ménkǒu děng nǐ

在音乐厅门口等你　　　　　　　　　　　zài yīnyuètīng ménkǒu děng nǐ

晚上六点在音乐厅门口等你

wǎnshang liù diǎn zài yīnyuètīng ménkǒu děng nǐ

明天晚上六点在音乐厅门口等你

míngtiān wǎnshang liù diǎn zài yīnyuètīng ménkǒu děng nǐ

我明天晚上六点在音乐厅门口等你。

Wǒ míngtiān wǎnshang liù diǎn zài yīnyuètīng ménkǒu děng nǐ.

漂亮　　　　　　　　　　　　　　　　　piàoliang

真漂亮　　　　　　　　　　　　　　　　zhēn piàoliang

小雨真漂亮!　　　　　　　　　　　　　Xiǎoyǔ zhēn piàoliang!

小雨今天真漂亮!　　　　　　　　　　　Xiǎoyǔ jīntiān zhēn piàoliang!

今天小雨真漂亮!　　　　　　　　　　　Jīntiān Xiǎoyǔ zhēn piàoliang!

魔力汉语

 试一试 Shì yi shì Substitute the underlined parts.

1. 你<u>明天</u> <u>有空儿</u>吗？

后天	忙；
下星期一	有空儿；
明年	来

2. 我有<u>两张</u> <u>音乐会的</u> <u>票</u>。

一张	去北京的	火车票；
一本	汉语	书；
一条	红	裙子

3. 那我们一起去<u>听音乐会</u>吧。

上课；	爬山；
看书；	游泳（yóuyǒng, to swim）

连一连 Lián yi lián

Rearrange the given words into sentences.

1. 北京饭店　吃　　晚上八点　晚饭　我　　在
2. 有　　　　上午　大卫　　约会　下星期天
3. 已经　　　完　音乐会　卖　票　的　了
4. 改天　　　一起　我们　　电影　看
5. 两个月　　了　学　　我　了　汉语

36

选一选,填一填 Xuǎn yi xuǎn, tián yi tián
Choose the right words and fill in the blanks.

张　　件　　辆　　块　　本　　个

1. 一_____钱
2. 一_____书
3. 一_____衣服
4. 一_____学生
5. 一_____票
6. 一_____汽车

译一译 Yì yi yì Translate the following sentences.

1. 你今晚有空吗?
2. 玫瑰花真漂亮。
3. 我有两张电影票。
4. 希望你会喜欢。
5. 我在学校门口等你。

念一念,答一答 Niàn yi niàn, dá yi dá
Read the passage and answer the questions.

丁凡跟他的女朋友已经恋爱(liàn'ài, to fall in love)两年了。他们是在网上认识的，在一次网友见面会(jiànmiànhuì, meeting)上彼此(bǐcǐ, each other)一见钟情(yíjiànzhōngqíng, to fall in love at first sight)。他们俩感情(gǎnqíng, affection)一直都很好,真让人羡慕(xiànmù, to admire)!

问题:

1. 丁凡跟她的女朋友是怎么认识的?
2. 丁凡跟她的女朋友感情怎么样?

听一听, 填一填 Tīng yi tīng, tián yi tián

Listen and fill the initials in the blanks.

__ǎ__i (哪里)　　　　__éng_ì (能力)　　　　__ián__íng (年龄)

__èi_ù (内陆)　　　　_ì_ú (例如)　　　　__ǎo_én (老人)

__ì_ùn (利润)　　　　__ián_èn (连任)　　　　_ǔ_iú (乳牛)

__ùn_ián (闰年)　　　　_óu_èn (柔嫩)　　　　_ì_èi (日内)

piào_iang (漂亮)　　　　__īwàng (希望)　　　　_iàn'ài (恋爱)

__iàn_iàn (见面)　　　　bú_iàn-búsàn (不见不散)

Běi_īng __àndiàn (北京饭店)　　　　yí_iànzhōng_íng (一见钟情)

Dāo yuè mó yuè __iàng, _ǎozi yuè yòng yuè __íng。

刀越磨越亮,　　　脑子越用越灵。

Shēng __ú xià_uā zhī càn_àn, sǐ __ú qiūyè zhī __ìngměi。

生如夏花之灿烂,　　　死如秋叶之静美。

看一看, 说一说 Kàn yi kàn, shuō yi shuō

Look at the pictures and talk about them.

1. 矮冬瓜拿着电影票, 想约女同学看电影, 可是被她拒
   绝了, 因为他太胖了!

2. 经过努力，周末约会成功

古诗欣赏 Gǔshī xīnshǎng An ancient Chinese poem

《相思》 王维 《Xiāngsī》 Wáng Wéi

红豆生南国，　　　Hóngdòu shēng nánguó,
春来发几枝。　　　Chūn lái fā jǐ zhī.
愿君多采撷，　　　Yuàn jūn duō cǎixié,
此物最相思。　　　Cǐ wù zuì xiāngsī.

你知道吗? Nǐ zhīdào ma? Do you know?

> 跟西方相比,中国女孩子比较矜持,男士要约女孩子出去玩儿通常是比较困难的,除非是很熟的朋友,否则女孩子一般不会答应的。
>
> 在中国, 男女第一次约会一般不会单独见面,往往双方都会叫上一个同性的朋友一同赴约,这些陪同去的人通常被称作"电灯泡"。

魔力汉语

　　西方男士初次遇见年轻女性时可以称赞她漂亮，女士听了会高兴地表示感谢。中国强调男女有别，一个小伙子在初次见面时通常不会当面称赞姑娘漂亮，否则会引起不必要的误会。

　　Compared with western girls, Chinese girls are relatively more self-conscious. As a rule, it is not an easy thing for a boy to make a date with a Chinese girl unless he has known the girl for quite some time.

　　Generally, a Chinese boy or girl will not go to a date for the first time without someone, usually a friend of the same sex, accompanying him or her. These extra people are termed "light bubbles".

　　In western countries, it is common for a man to compliment a young lady on her prettiness when they first meet and the lady will gladly accept the compliment with gratitude. However, a Chinese young man will not behave in the same way so as to avoid misunderstanding.

第五课 打的过去要多长时间?

Dì-wǔ kè   Dǎdī guòqu yào duō cháng shíjiān?

Lesson Five   How long does it take to get there by taxi?

 说一说 Shuō yi shuō Learn the dialogues.

大 卫: 请问,去外文书店怎么走?

Dàwèi: Qǐngwèn, qù Wàiwén Shūdiàn zěnme zǒu?

路 人: 往前走,到第二个路口往左拐。

Lùrén: Wǎng qián zǒu, dào dì-èr ge lùkǒu wǎng zuǒ guǎi.

大 卫: 可以坐几路车?

Dàwèi: Kěyǐ zuò jǐ lù chē?

路 人: 到那儿没有直达车,56路转101路。

Lùrén: Dào nàr méiyǒu zhídá chē, wǔshíliù lù zhuǎn yāolíngyāo lù.

大 卫: 太麻烦了,我还是打的吧。打的过去要多长时间?

Dàwèi: Tài máfan le, wǒ háishì dǎdī ba. Dǎdī guòqu yào duō cháng shíjiān?

路 人: 大约十分钟。

Lùrén: Dàyuē shí fēnzhōng.

大　卫：谢谢！
Dàwèi：　Xièxie!

路　人：不谢！
Lùrén：　Búxiè!

幸　子：这个周末，你打算干什么？
Xìngzǐ：　Zhège zhōumò, nǐ dǎsuan gàn shénme?

大　卫：没事儿干，在宿舍睡觉。你呢？
Dàwèi：　Méi shìr gàn, zài sùshè shuìjiào. Nǐ ne?

幸　子：我想去颐和园，听朋友说那里景色很美，一起去吧？
Xìngzǐ：　Wǒ xiǎng qù Yíhéyuán, tīng péngyou shuō nàli jǐngsè hěn měi, yìqǐ qù ba?

大　卫：好！离这儿远不远？
Dàwèi：　Hǎo! Lí zhèr yuǎn bu yuǎn?

幸　子：不太远。我们在学校门口坐87路车去。
Xìngzǐ：　Bú tài yuǎn. Wǒmen zài xuéxiào ménkǒu zuò bāshíqī lù chē qù.

大　卫：要坐几站？
Dàwèi：　Yào zuò jǐ zhàn?

幸　子：五站。下车以后往前走二十米就到了。
Xìngzǐ：　Wǔ zhàn. Xiàchē yǐhòu wǎng qián zǒu èrshí mǐ jiù dào le.

学一学 Xué yi xué

Learn the following sentence patterns.

1. 请问，去外文书店怎么走？
   Qǐngwèn, qù Wàiwén Shūdiàn zěnme zǒu?
   Excuse me, how can I get to the Foreign Language Bookstore?

2. 往前走,到第二个路口往左拐。
   Wǎng qián zǒu, dào dì-èr ge lùkǒu wǎng zuǒ guǎi。
   Go ahead and turn left at the second crossing.

3. 可以坐几路车？
   Kěyǐ zuò jǐ lù chē?
   Which bus should I take?

4. 要坐几站？
   Yào zuò jǐ zhàn?
   How many stops?

5. 打的过去要多长时间？
   Dǎdī guòqu yào duō cháng shíjiān?
   How long does it take to get there by taxi?

6. 离这儿远不远？
   Lí zhèr yuǎn bu yuǎn?
   Is it far from here?

记一记 Jì yi jì Learn the new words and expressions.

路人	（名）	lùrén	passer-by
外文书店	（名）	Wàiwén Shūdiàn	Foreign Language Bookstore
十字路口	（名）	shízì lùkǒu	crossing-road
直达	（形）	zhídá	direct
大约	（副）	dàyuē	about

还是	（副）	háishì	still
宿舍	（专名）	sùshè	dormitory
颐和园	（名）	Yíhéyuán	the Summer Palace
景色	（名）	jǐngsè	view
美	（形）	měi	beautiful
离	（介）	lí	from
米	（名）	mǐ	meter

 注一注 Zhù yi zhù Notes

1. 太麻烦了，我还是打的吧。

副词"还是"表示经过比较、考虑，有所选择，用"还是"引出所选择的一项。

例如：

(1) 电影没意思，我们还是去听音乐会吧。

(2) 你不舒服，还是在宿舍休息吧。

(3) 你这么忙，还是我去通知他吧。

2. 打的过去大约十分钟。

副词，表示对数量、时间的不很精确的估计。

例如：

(1) 他大约十八九岁。

(2) 到教室大约五分钟。

(3) 现在几点？……大约十一点。

3. 颐和园离这儿远不远？

有"距离"的意思。它的宾语常常是表示处所或时间的词语。

例如：

(1) 我家离学校很近。

(2) 教室离图书馆不远。

（3）离上课只有五分钟了，我们快走吧。

 跟我念　Gēn wǒ niàn　Read after me.

zhī	zhí	zhǐ	zhì	zhí	直达 } 直达
dā	dá	dǎ	dà	dá	大约 } 大约
dā	dá	dǎ	dà	dà	周末 } 周末
yuē	yué	yuě	yuè	yuē	睡觉 } 睡觉
zhōu	zhóu	zhǒu	zhòu	zhōu	景色 } 景色
mō	mó	mǒ	mò	mò	
shuī	shuí	shuǐ	shuì	shuì	
jiāo	jiáo	jiǎo	jiào	jiào	
jīng	jíng	jǐng	jìng	jǐng	
sē	sé	sě	sè	sè	

颐和园　　　　　　　　Yíhéyuán

去颐和园　　　　　　　qù Yíhéyuán

坐 87 路去颐和园　　　zuò bāshíqī lù qù Yíhéyuán

在学校门口坐 87 路去颐和园

zài xuéxiào ménkǒu zuò bāshíqī lù qù Yíhéyuán

我们在学校门口坐 87 路去颐和园。

Wǒmen zài xuéxiào ménkǒu zuò bāshíqī lù qù Yíhéyuán.

明天我们在学校门口坐 87 路去颐和园。

Míngtiān wǒmen zài xuéxiào ménkǒu zuò bāshíqī lù qù Yíhéyuán.

我们明天在学校门口坐 87 路去颐和园。

Wǒmen míngtiān zài xuéxiào ménkǒu zuò bāshíqī lù qù Yíhéyuán.

试一试 Shì yi shì Substitute the underlined parts.

1. 请问，去<u>外文书店</u>怎么走？

图书馆；	食堂；	火车站；
电影院；	医院；	网吧；
韩国大使馆；	超市（chāoshì, supermarket）	

2. 往<u>前</u>走。

左（zuǒ, left）；	右（yòu, right）；
东（dōng, east）；	西（xī, west）；
南（nán, south）；	北（běi, north）

3. 我在<u>宿舍</u> <u>睡觉</u>。

图书馆	看书；	食堂	吃饭；
网吧	上网；	家	看电视；
公司（gōngsī, company）		工作（gōngzuò, to work）	

4. <u>打的</u>过去要多长时间？
   ……大约<u>二十五分钟</u>。

坐地铁；	十分钟；
坐大巴；	半个小时；
骑自行车；	一个小时

5. 我想<u>去颐和园</u>。

去图书馆；	去酒吧；
休息一会儿；	回家

做一做 Zuò yi zuò Fill in the blanks.

1. A：_____,去北京大学_____?
   B：_____南走,_____第一个路口往右_____。
   A：离这儿_____?
   B：不太远,走过去_____二十分钟。

2. A：_____,到中国银行_____?
   B：35 路。
   A：_____?
   B：大约七站。
   A：太远了。打的过去_____?
   B：大约二十分钟。

 选一选,填一填 Xuǎn yi xuǎn, tián yi tián
Choose the right words and fill in the brackets.

离　往　大约　还是

1. 下车以后(　　)右拐就到了。
2. 我们宿舍(　　)图书馆不太远。
3. 不太远,我们(　　)走过去吧。
4. 他们班(　　)有十八个人。

 听一听,辨一辨 Tīng yi tīng, biàn yi biàn
Listen and distinguish sounds and tones.

běifāng (北方)　　　běifáng (北房)

fènliang (分量)　　　fēn liáng (分粮)

mǎi huār (买花儿)　　mài huār (卖花儿)

dǎ rén (打人)　　　　dàrén (大人)

lǎo dòng (老动)　　　láodòng (劳动)

47

róngyi（容易）   róngyī（绒衣）

dǎdī（打的）   dàdì（大地）

shuǐjiǎo（水饺）   shuìjiào（睡觉）

dǎsuàn（打算）   dàsuàn（大蒜）

 **译一译 Yì yi yì** Translate the following sentences.

1. 请问,去图书馆怎么走?

2. 你家离这儿远不远?

3. 书店离我们学校很近。

4. 有多远?

   ——骑自行车大约半个小时。

5. 一直往前,在第一个十字路口往右拐。

6. 这个周末你打算干什么?

 听一听,答一答 Tīng yi tīng, dá yi dá

Listen to the passage and answer the questions.

1. 幸子要去哪儿?

   A. 北京机场

   B. 北京火车站

   C. 北京音乐厅

   D. 北京图书馆

2. 谁告诉她怎么走的?

   A. 一位小姐

   B. 一位先生

   C. 一个小伙子

   D. 一位老人

3. 到那儿要多长时间？
   A. 打的十分钟
   B. 骑车十分钟
   C. 走过去十分钟
   D. 坐车十分钟

 看一看,说一说 Kàn yi kàn, shuō yi shuō
Look at the pictures and talk about them.

1. 问一位过路的老大妈,去附近的超市怎么走,走路还
   是坐车,要多长时间等等。

2. 朋友们互相介绍去自己家怎么走,互相提问从自己这
   儿到对方家里的最佳路线。

你知道吗？ *Nǐ zhīdào ma?* Do you know?

现在中国的城市里，交通都很发达。公共汽车连接了城市的各个角落。一些小公共汽车（中国人也称之为"小巴"）把城市与周边的乡村连接了起来。在城市里，如果你不认识路，又问不清楚的话，请不妨站在马路边，招一招手，打一辆出租吧。所有的出租都有一个起步价，各个城市不尽相同，不过一般都在十元以内。

Nowadays, public transport facilities in many Chinese cities provide easy access to every place in the city, and mini-buses link the city with the surrounding country. If you don't know the way to a certain place or find it difficult to get right information, you can just stand by the street and stretch out your hand to stop a taxi. All taxies have a minimum charge which is usually less than ten *yuan*, although it may be a little higher in some cities.

第六课　请问，开账户是在这儿吗?

Dì-liù　kè　　　Qǐngwèn, kāi zhànghù shì zài zhèr ma?

Lesson Six　　Excuse me, can I open an account here?

 说一说 Shuō yi shuō Learn the dialogues.

幸　子：请问，开账户是在这儿吗?

Xìngzǐ：　　Qǐngwèn, kāi zhànghù shì zài zhèr ma?

X 先生：对，请填一下存款单。

X xiānsheng：Duì, qǐng tián yíxià cúnkuǎn dān。

幸　子：我是日本留学生，不知道怎么填写，您可以帮帮我吗?

Xìngzǐ：　　Wǒ shì Rìběn liúxuéshēng, bù zhīdào zěnme tiánxiě, nín kěyǐ bāngbang wǒ ma?

X 先生：好的。您带身份证或者护照了吗?

X xiānsheng：Hǎo de。Nín dài shēnfèn zhèng huòzhě hùzhào le ma?

幸　子：我带了护照。

Xìngzǐ：　　Wǒ dàile hùzhào。

X 先生：在这儿填上您的姓名和护照号码。

X xiānsheng：Zài zhèr tiánshang nín de xìngmíng hé hùzhào hàomǎ。

幸　子： 好的。这样可以了吗？

Xìngzǐ:　Hǎo de. Zhèyàng kěyǐ le ma?

X 先生： 可以了。您有零钱吗？

Xxiānsheng: Kěyǐ le. Nǐ yǒu língqián ma?

幸　子： 给您十块钱。

Xìngzǐ:　Gěi nín shí kuài qián.

X 先生： 好，我给您存进去。这是您的储蓄卡。

Xxiānsheng: Hǎo, wǒ gěi nín cún jìnqu. Zhè shì nín de chǔxù kǎ.

幸　子： 真是太谢谢您了。

Xìngzǐ:　Zhēn shì tài xièxie nín le.

X 先生： 不客气。

Xxiānsheng: Búkèqi.

大 卫： 糟糕！我的卡拿不出来了。

Dàwèi:　Zāogāo! Wǒ de kǎ ná bu chūlai le.

小　雨： 我来看看。密码输错三次，卡就会被吃掉。

Xiǎoyǔ:　Wǒ lái kànkan. Mìmǎ shūcuò sān cì, kǎ jiù huì bèi chīdiào.

大 卫： 现在怎么办呢？

Dàwèi:　Xiànzài zěnmebàn ne?

小　雨： 别着急。带上你的护照去银行取卡就可以了。

Xiǎoyǔ:　Bié zháojí. Dàishang nǐ de hùzhào qù yínháng qǔ kǎ jiù kěyǐ le.

大 卫： 好，我马上就去。

Dàwèi:　Hǎo, wǒ mǎshàng jiù qù.

学一学 Xué yi xué

Learn the following sentence patterns.

1. 请问，开账户是在这儿吗？

   Qǐngwèn, kāi zhànghù shì zài zhèr ma?

   Excuse me. Can I open an account here?

2. 请填一下存款单。

   Qǐng tián yíxià cúnkuǎn dān。

   Please fill out a deposit slip.

3. 在这儿填上您的姓名和护照号码。

   Zài zhèr tiánshang nín de xìngmíng hé hùzhào hàomǎ。

   Write down your name and passport number here.

4. 现在怎么办呢？

   Xiànzài zěnmebàn ne?

   What should I do now?

记一记 Jì yi jì Learn the new words and expressions.

银行	（名）	yínháng	bank
开	（动）	kāi	to open
账户	（名）	zhànghù	account
填（写）	（名）	tián（xiě）	to fill out
存款单	（名）	cúnkuǎn dān	deposit slip
带	（动）	dài	to take
身份证	（名）	shēnfèn zhèng	I.D. card
或者	（连）	huòzhě	or
这样	（代）	zhèyàng	so
储蓄卡	（名）	chǔxù kǎ	saving card
糟糕	（形）	zāogāo	in a terrible mess
密码	（名）	mìmǎ	code

输	（动）	shū	to put into
错	（形）	cuò	wrong
怎么办		zěnmebàn	what should I do
着急	（形）	zháojí	to be worried
取	（动）	qǔ	to pick up
马上	（副）	mǎshàng	immediately

 ## 注一注 Zhù yi zhù Notes

1. 糟糕,我的卡拿不出来了。
   口语词,表示事情、情况很不好。
   例如:
   (1) 糟糕,我的笔不见了。
   (2) 糟糕,我的钱包被偷了。
   (3) 糟糕,约会迟到了!

2. 您带身份证或者护照了吗?
   连词"或者"表示选择。
   例如:
   (1) 我早上喝牛奶或者可口可乐。你呢?
   (2) 大卫喜欢踢足球或者看球赛,他是个球迷。
   (3) 晚上的音乐会只有一张票,或者你去,或者我去。

 ## 跟我念 Gēn wǒ niàn Read after me.

zhāng	zháng	zhǎng	zhàng	zhàng	账户 }账户
hū	hú	hǔ	hù	hù	
cūn	cún	cǔn	cùn	cún	存款 }存款 }存款单
kuān	kuán	kuǎn	kuàn	kuǎn	单
dān	dán	dǎn	dàn	dān	

chū	chú	chǔ	chù	chǔ	储 ⎫ 储蓄 ⎫
xū	xú	xǔ	xù	xù	蓄 ⎭ 储蓄卡
kā	ká	kǎ	kà	kǎ	卡 ⎭
mī	mí	mǐ	mì	mì	密 ⎫ 密码
mā	má	mǎ	mà	mǎ	码 ⎭
huō	huó	huǒ	huò	huò	或 ⎫ 或者
zhē	zhé	zhě	zhè	zhě	者 ⎭

您的姓名
nín de xìngmíng

您的姓名和护照号码
nín de xìngmíng hé hùzhào hàomǎ

填上您的姓名和护照号码
tiánshang nín de xìngmíng hé hùzhào hàomǎ

在这儿填上您的姓名和护照号码
zài zhèr tiánshang nín de xìngmíng hé hùzhào hàomǎ

请在这儿填上您的姓名和护照号码。
Qǐng zài zhèr tiánshang nín de xìngmíng hé hùzhào hàomǎ.

存款单
cúnkuǎn dān

填一下存款单
tián yíxià cúnkuǎn dān

帮我填一下存款单！
Bāng wǒ tián yíxià cúnkuǎn dān!

请帮我填一下存款单！
Qǐng bāng wǒ tián yíxià cúnkuǎn dān!

请您帮我填一下存款单！
Qǐng nín bāng wǒ tián yíxià cúnkuǎn dān!

试一试 Shì yi shì Substitute the underlined parts.

1. 请问，开账户是在这儿吗？

买电话卡	这儿；
打电话	那儿；
地铁站（dìtiě zhàn, subway station）	对面（duìmiàn, opposite）

2. 给<u>您</u> 十块钱。

我	一本书；
他们	一间房；
我父母	两套衣服

3. 我给<u>您</u> <u>存进去</u>。

妹妹	过生日；
幸子	请假；
爷爷	修电视机（xiū diànshìjī, to repair TV-set）

4. 我的<u>卡</u> <u>拿不出来</u>了。

书	放（fàng, to put）	进去；
画儿（huàr, drawing）	拿	下来；
车	开	进去

4. 别<u>着急</u>。

忙；	紧张（jǐnzhāng, nervous）；
走；	担心（dānxīn, anxious）；
喝酒（jiǔ, alcohol）；	抽烟（chōu yān, to smoke）

 做一做 Zuò yi zuò Fill in the blanks.

1. A：请问, 取款_____？

　 B：_____, 请先_____一下取款单（qǔkuǎn dān, withdrawl slip）。

　 A：好的。_____？

　 B：可以了。

A：谢谢您。

B：_____。

2. A：_____！我的钱包（qiánbāo, purse）丢（diū, lost）了。

B：里面有_____？

A：只有一百块钱，但是我的银行卡在里面。_____？

B：_____，带上你的护照去_____补办（bǔbàn, to get another one）一张卡就可以了。

A：好，_____。

连一连 Lián yi lián

Rearrange the given words into sentences.

1. 填写　号码　你　这儿　的　电话　在
2. 出来　我　您　取　给
3. 去　的　带上　身份证　银行　你
4. 或者　走路　打的　小雨家　去　我们

译一译 Yì yi yì Translate the following sentences.

1. 请问，开账户在哪儿？
2. 我想存一千块钱进我的账户。
3. 你有零钱吗？
4. 别担心。

听一听, 辨一辨 Tīng yi tīng, biàn yi biàn

Listen and distinguish sounds and tones.

pǔtōng yì bīng（普通一兵）　　píngtóu-pǐnzú（评头品足）

pópomāmā（婆婆妈妈）　　péngbó-fāzhǎn（蓬勃发展）

tīngtiān-yóumìng（听天由命）　　tǐtiē-rùwēi（体贴入微）

tūntūntǔtǔ（吞吞吐吐）　　　dǎndàbāotiān（胆大包天）

dāngtóuyíbàng（当头一棒）　　bújiàn-búsàn（不见不散）

 练一练 Liàn yi liàn Read the following jingle aloud.

吃葡萄不吐葡萄皮儿　　　　　Chī pútao bù tǔ pútao pír

不吃葡萄倒吐葡萄皮儿　　　　Bù chī pútao dào tǔ pútao pír

吃吐鲁番葡萄　　　　　　　　Chī Tǔlǔfān pútao

不吐吐鲁番葡萄皮儿　　　　　Bù tǔ Tǔlǔfān pútao pír

不吃吐鲁番葡萄　　　　　　　Bù chī Tǔlǔfān pútao

倒吐吐鲁番葡萄皮儿　　　　　Dào tǔ Tǔlǔfān pútao pír

 填一填 Tián yi tián

Fill in the deposit slip and withdrawl slip.

1. 存款单

中国工商银行 INDUSTRIAL AND COMMERCIAL BANK OF CHINA	储蓄存款凭证 DEPOSIT SLIP

科目：(贷)　　　　　年　月　日　　　交易代码：

银行填写

储种 活期□ 活一本通□ 整整□ 定一本通□ 零整□ 教育□ 定活□ 通知□ 存本□ 整零□ 国债□ 其他____

户名_____　帐号_____　　密码□ 印签□ 通兑□ 其他____

存期____　转存期____　币种____　钞□ 汇□ 假汇□　金额 亿千百十万千百十元角分

新开户填写：地址_____　　电话_____　备注____

请注意阅读凭证背面的"客户须知"
新开户、大额存款，请在凭证背面填写证件内容。　　事后监督　　复核（授权）　　经办

2. 取款单

中国工商银行
INDUSTRIAL AND COMMERCIAL BANK OF CHINA

储蓄取款凭证
WITHDRAWAL SLIP

科目：（借）　　　　年　月　日　　　　交易代码：

客户填写

储种：　活期□　　活期一本通□　　定期一本通□　　存本□　　整零□　　其他 _____

户名 _____　帐号 _____

定期一本通序号 _____　币种 _____　钞□　汇□　假汇□

金额	亿	千	百	十	万	千	百	十	元	角	分

券别：100　50　20　10　5　2　1　辅币　附件　张

银行填写

请注意阅读凭证背面的"客户须知"
大额、提前取款，请在凭证背面填写证件内容。　　　事后监督　　　复核（授权）　　　经办

3. 开户申请书

中国银行开户申请书

一、必填项目（请用正楷完整填写以下各项，对于您的个人资料，本行将严格保密。）
姓名：_____　英文名/拼音：_____　户籍地：_____
证件类型：_____　证件号码：_____
常住地址：_____　住宅电话：_____　单位电话：_____
单位名称及地址：_____
二、为便于本行向您提供更好的理财服务，请选择填写以下几项：
电子邮箱：_____　移动电话或寻呼机：_____　最高学历：_____
职业：□公务员　□教师医生　□工程师等专业人士　□企业行政人员　□个体及私营业主　□其他
三、开户资料：
开户存款币别：_____　金额(小写)：_____
存期(定期填写)：_____　支取方式：□凭密码支取　□凭身份证件支取
储蓄种类：　□活期一本通　□定期一本通　□整存整取　□零存整取　□定活两便　□通知存款　□教育储蓄
　　　　　　□存本取息　□国债　□其他：_____
(以下各项请在是与否中选择一项)
开立长城电子借记卡：□是　□否　　开通电话银行：□是　□否　　申请缴费一卡通：□是　□否
　　本人承诺上述填写的内容真实、有效、无误,并保证遵守背面《客户须知》的有关规定。

申请人签名：_____　　　年　月　日

你知道吗？ Nǐ zhīdào ma？ Do you know?

中国主要有五大银行：中国银行、中国工商银行、中国建设银行、中国农民银行、中国交通银行。每个银行都能兑换外币，也都发行自己的信用卡。上面五大银行的信用卡分别为长城卡、牡丹卡、龙卡、金穗卡、太平洋卡。办一张卡非常方便，许多城市之间银行也都联网了，许多大的商店和超市都可以刷卡消费。城市街头也有很多自动提款机，取钱很方便。这样当你在中国旅行的时候，就用不着为身上带了很多现金不安全而发愁了！

There are five big banks in China, namely, Bank of China, Industrial and Commercial Bank of China, Construction Bank of China, Agriculture Bank of China, and Bank of Communications, all of which are on the Net. It is possible to exchange foreign currencies in all these banks. Credit cards issued by these banks are the Great Wall Card, the Peony Card, the Dragon Card, the Golden Spite Card and the Pacific Card respectively. It is very easy to get a credit card from one of these banks, and credit cards are accepted in big stores and supermarkets. In addition, with a credit card, you can get cash from an ATM machine on the street. So, a traveler does not have to carry a lot of cash when traveling in China.

第七课　快去邮局取吧！

Dì-qī kè　　　Kuài qù yóujú qǔ ba!

Lesson Seven Go to the post office and pick it up!

 说一说 Shuō yi shuō Learn the dialogues.

小　雨：嗨，大卫，你手里拿着什么？

Xiǎoyǔ：　Hāi, Dàwèi, nǐ shǒu li názhe shénme?

大　卫："中国风景"的明信片，好看吗？我想寄给家里人和朋友。

Dàwèi：　"Zhōngguó Fēngjǐng"de míngxìnpiàn, hǎokàn ma? Wǒ xiǎng jì gěi jiālirén hé péngyou.

小　雨：很漂亮，他们一定会喜欢的。

Xiǎoyǔ：　Hěn piàoliang, tāmen yídìng huì xǐhuan de.

大　卫：小雨，寄一张明信片到英国要多少钱？

Dàwèi：　Xiǎoyǔ, jì yì zhāng míngxìnpiàn dào Yīngguó yào duōshao qián?

小　雨：三块六。

Xiǎoyǔ：　Sān kuài liù.

大　卫：我下午就买邮票寄过去。

Dàwèi：　Wǒ xiàwǔ jiù mǎi yóupiào jì guòqu.

丁　凡：幸子，这儿有你的包裹单。
Dīng Fán: Xìngzǐ, zhèr yǒu nǐ de bāoguǒ dān.

幸　子：这么快就到啦！家里人给我寄了几件衣服。
Xìngzǐ:　　Zhème kuài jiù dào la! Jiālirén gěi wǒ jìle jǐ jiàn yīfu.

丁　凡：快去邮局取吧。
Dīng Fán: Kuài qù yóujú qǔ ba.

幸　子：我马上就去。
Xìngzǐ:　　Wǒ mǎshàng jiù qù.

丁　凡：别忘了带上你的护照和包裹单。
Dīng Fán: Bié wàngle dàishang nǐ de hùzhào hé bāoguǒ dān.

幸　子：知道了，谢谢！
Xìngzǐ:　　Zhīdào le, xièxie.

学一学 Xué yi xué

Learn the following sentence patterns.

1. 大卫，你手里拿着什么？

   Dàwèi, nǐ shǒu li názhe shénme?

   David, what are you taking in the hand?

2. 寄一张明信片到英国要多少钱？

   Jì yì zhāng míngxìnpiàn dào Yīngguó yào duōshao qián?

   How much is it to send a postcard to England?

3. 我想寄给家里人和朋友。

   Wǒ xiǎng jì gěi jiālirén hé péngyou.

   I would like to send them to my family and friends.

4. 家里人给我寄了几件衣服。

   Jiālirén gěi wǒ jìle jǐ jiàn yīfu.

   My parents have sent me some clothes.

5. 快去邮局取吧。

   Kuài qù yóujú qǔ ba.

   Go to the post office and pick it up.

记一记 Jì yi jì Learn the new words and expressions.

里	（名）	lǐ	in, inside
风景	（名）	fēngjǐng	scenery
明信片	（名）	míngxìnpiàn	postcard
寄	（动）	jì	to send
家里人	（名）	jiālirén	member of a family
一定	（副）	yídìng	must
邮票	（名）	yóupiào	stamp
包裹单	（名）	bāoguǒ dān	parcel slip

啦	（助）	la	（a particle）
邮局	（名）	yóujú	post office
忘	（动）	wàng	to forget

 注一注 Zhù yi zhù Notes

1. 家里人给我寄了几件衣服。

介词"给"用在动词前,引进交付、传递的接受者。

例如:

(1) 大卫给朋友寄明信片。

(2) 以后我给你发 E-mail。

(3) 你给家里人写信了吗?……没给家里人写信,给他们打电话了。

2. 快去邮局取吧。

意思是"快去邮局取包裹吧。"这是连动句,即谓语部分连用两个动词或动词结构说明同一个主语。

例如:

(1) 晚上我们去你家玩儿。

(2) 大卫去银行开账户。

(3) 丁凡每天去网吧上网聊天。

 跟我念 Gēn wǒ niàn Read after me.

yōu	yóu	yǒu	yòu	yóu	邮	邮票		
piāo	piáo	piǎo	piào	piào	票			
fēng	féng	fěng	fèng	fēng	风	风景		
jīng	jíng	jǐng	jìng	jǐng	景			
mīng	míng	mǐng	mìng	míng	明	明信	明信片	
xīn	xín	xǐn	xìn	xìn	信			
piān	pián	piǎn	piàn	piàn	片			

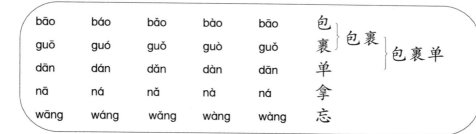

bāo	báo	bǎo	bào	bāo
guō	guó	guǒ	guò	guǒ
dān	dán	dǎn	dàn	dān
nā	ná	nǎ	nà	ná
wāng	wáng	wǎng	wàng	wàng

包裹单拿忘 }包裹 }包裹单

朋友　　　　　　　　　　péngyou

家里人和朋友　　　　　　jiālirén hé péngyou

寄给家里人和朋友　　　　jì gěi jiālirén hé péngyou

寄明信片给家里人和朋友　jì míngxìnpiàn gěi jiālirén hé péngyou

想寄明信片给家里人和朋友

xiǎng jì míngxìnpiàn gěi jiālirén hé péngyou

大卫想寄明信片给家里人和朋友。

Dàwèi xiǎng jì míngxìnpiàn gěi jiālirén hé péngyou。

试一试 Shì yi shì Substitute the underlined parts.

1. 你手里拿了什么？

信里	写；
电话里	说；
桌子上	摆（bǎi, to put）；
书包里	放

2. 寄一张明信片到英国要多少钱？

一封信	日本	多少钱邮票；
一张照片	韩国	多少天；
一个包裹	美国	多长时间

3. <u>家里人</u>给<u>我</u>寄了<u>几件衣服</u>。

姐姐	我	几张 CD ；
我	奶奶	几斤饼干；
男朋友	我	一些巧克力（qiǎokèlì, chocolate）

4. 别忘了<u>带上你的护照和包裹单</u>。

带上你的照相机（zhàoxiàngjī, camera）；
给我写信；
给你的老师打电话

连一连 Lián yi lián
Rearrange the given words into sentences.

1. 多少钱 日本 寄 到 信 要 一封
2. 很多 给 寄 大卫 朋友 明信片 了
3. 寄 马上 去 我 信 邮局
4. 什么 了 手里 你 拿

选一选，填一填 Xuǎn yi xuǎn, tián yi tián
Choose the right word and fill in the blanks.

张 个 封

1. 一＿＿邮局　　2. 一＿＿信
3. 一＿＿明信片　4. 一＿＿照片
5. 一＿＿包裹　　6. 一＿＿包裹单
7. 一＿＿邮票　　8. 一＿＿卡

译一译 Yì yi yì Translate the following sentences.

1. 我马上就去邮局取包裹。
2. 寄这些明信片到日本要多少钱?
3. 你知道寄包裹在哪儿吗?
   —对不起,我不知道。
4. 别忘了带上你的钱包。

 听一听,辨一辨 Tīng yi tīng, biàn yi biàn
Listen and distinguish sounds and tones.

bǐyì(笔译)   bǐyù(比喻)
liánxì(联系)   liánxù(连续)
míngyì(名义)   míngyù(名誉)
bànlǐ(办理)   bànlǚ(伴侣)
shūjí(书籍)   shūjú(书局)
dàyí(大姨)   dàyú(大于)
yóuyì(游艺)   yóuyù(犹豫)
shìyí(适宜)   shìyú(适于)
yǒu qì(有气)   yǒuqù(有趣)
bù jí(不急)   bùjú(布局)
yóujú(邮局)   jì xìn(寄信)
yídìng(一定)   fēngjǐng(风景)

填一填 Tián yi tián

Fill in the blanks.

1. 信封

5	2	9	0	2	0

中国,江门,五邑大学

第五座楼,103

谭颖欣

四州　　　　小开

邮政编码

2. 包裹单

国 内 普 通 包 裹 详 情 单	（通知单联）

收件人 详细地址 ....
姓　名： _____ 电话：

寄件人 详细地址 ....
姓　名：
邮政编码： 电话：

寄件人声明
如包裹无法投递,请
1. 退还寄件人
2. 抛弃处理
3. 改寄
内装何物

包裹号码：
接收局号码：

收寄人员签章
检查人员签章

领取人证件内容
证件名称 ....
证件号码 ....
发证机关 ....

领取人签章

收件单位公章

保价金额　　　元
重　量：　　克
单　价：　　元
保价费：　　元
其　他：　　元
共　计：　　元

① 投递局存

一式四份,请用力填写

填写本单前,请认真阅读背面的"使用须知",若认可并遵守,请在此签字 ....

第八课　瞧，那儿有自动售货机！

Dì-bā kè　　Qiáo, nàr yǒu zìdòng shòuhuòjī!

Lesson Eight　Look! There is a vending-machine over there.

 说一说 Shuō yi shuō Learn the dialogues.

售货员：　小姐，想买点儿什么？

Shòuhuòyuán：Xiǎojie, xiǎng mǎi diǎnr shénme?

小　雨：　这种苹果多少钱一斤？

Xiǎoyǔ：　　Zhè zhǒng píngguǒ duōshao qián yì jīn?

售货员：　两块五，要几斤？

Shòuhuòyuán：Liǎng kuài wǔ, yào jǐ jīn?

小　雨：　给我称三斤。

Xiǎoyǔ：　　Gěi wǒ chēng sān jīn.

售货员：　一共七块五。您这是十块，找您两块五。

Shòuhuòyuán：Yígòng qī kuài wǔ. Nín zhè shì shí kuài, zhǎo nín liǎng kuài wǔ.

大　卫：今天真热啊，渴死了，哪儿有卖饮料的？

Dàwèi: Jīntiān zhēn rè a, kě sǐ le, nǎr yǒu mài yǐnliào de?

小　雨：瞧，那儿有自动售货机。你有硬币吗？

Xiǎoyǔ: Qiáo, nàr yǒu zìdòng shòuhuòjī. Nǐ yǒu yìngbì ma?

大　卫：有。我要一罐可口可乐，你想喝什么？

Dàwèi: Yǒu. Wǒ yào yí guàn Kěkǒukělè, nǐ xiǎng hē shénme?

小　雨：我来一瓶乌龙茶吧。

Xiǎoyǔ: Wǒ lái yì píng Wūlóngchá ba.

大　卫：怎么不出来？机器不会也热坏了吧？

Dàwèi: Zěnme bù chūlai? Jīqì bú huì yě rè huài le ba?

小　雨：要先放硬币再按。

Xiǎoyǔ: Yào xiān fàng yìngbì zài àn.

 学一学 Xué yi xué

Learn the following sentence patterns.

1. 你想买点儿什么？

Nǐ xiǎng mǎi diǎnr shénme?

What can I do for you?

2. 苹果多少钱一斤？

Píngguǒ duōshao qián yì jīn?

How much is one *jin* of apples?

3. 您这是十块，找您两块五。

Nín zhè shì shí kuài, zhǎo nín liǎng kuài wǔ。

You gave me a 10 yuan note, and here is the change of 2.5 yuan.

4. 哪儿有卖饮料的？

Nǎr yǒu mài yǐnliào de?

Where can I buy some drinks?

5. 瞧，那儿有自动售货机。

Qiáo, nàr yǒu zìdòng shòuhuòjī。

Look! There is a vending machine over there.

6. 先放硬币再按。

Xiān fàng yìngbì zài àn。

Put coins first. Then press the button.

 记一记 Jì yi jì Learn the new words and expressions.

斤	（量）	jīn	（1 jin=1/2 kilogram）
称	（动）	chēng	to weigh
一共	（副）	yígòng	in all, all together
找	（动）	zhǎo	to give change
渴	（形）	kě	thirsty
饮料	（名）	yǐnliào	drinks, beverages
瞧	（动）	qiáo	to look
自动	（形）	zìdòng	automatic
售货机	（名）	shòuhuòjī	vending-machine
来	（动）	lái	to want, to need
罐	（量）	guàn	can（a classifier）
可口可乐	（专名）	Kěkǒukělè	Coca Cola
机器	（名）	jīqì	machine
坏	（形）	huài	to go wrong

先	（副）	xiān	first
放	（动）	fàng	to put
按	（动）	àn	to press

 注一注 Zhù yi zhù Notes

1. 我来一瓶乌龙茶吧。

这里的"来"是做某个动作（代替意义具体的动词）的意思。常用于口语。

例如：

(1) 我买两个苹果,你来几个?

(2) 唱得真好,再来一个!

(3) 他喝啤酒,你来什么?

2. 要先放硬币再按。

"先 A 再 B"表示动作 B 接着动作 A 发生。

例如：

(1) 我先去大卫那儿再去你那儿。

(2) 我们先看电影再去买东西。

(3) 你先吃饭再出去玩儿。

 跟我念 Gēn wǒ niàn Read after me.

zī	zí	zǐ	zì	zì	自动	自动	
dōng	dóng	dǒng	dòng	dòng			
shōu	shóu	shǒu	shòu	shòu	售货机	售货	售货机
huō	huó	huǒ	huò	huò			
jī	jí	jǐ	jì	jī			
yīn	yín	yǐn	yìn	yǐn	饮料	饮料	
liāo	liáo	liǎo	liào	liào			

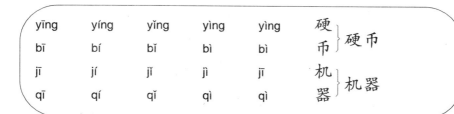

yīng	yíng	yǐng	yìng	yìng	硬	⎫ 硬币
bī	bí	bǐ	bì	bì	币	⎭
jī	jí	jǐ	jì	jī	机	⎫ 机器
qī	qí	qǐ	qì	qì	器	⎭

苹果　　　　　　　　　píngguǒ

这种苹果　　　　　　　zhè zhǒng píngguǒ

两斤这种苹果　　　　　liǎng jīn zhè zhǒng píngguǒ

称两斤这种苹果　　　　chēng liǎng jīn zhè zhǒng píngguǒ

给我称两斤这种苹果。　Gěi wǒ chēng liǎng jīn zhè zhǒng píngguǒ.

小姐,给我称两斤这种苹果。

Xiǎojie, gěi wǒ chēng liǎng jīn zhè zhǒng píngguǒ.

 试一试　Shì yi shì　Substitute the underlined parts.

1. 想买点儿什么?

| 要;　来;　吃;　喝 |

2. 这种苹果多少钱一斤?
   两块五。

蛋糕		块	一块八;
西瓜		斤	两块二;
啤酒		瓶	五块;
包子 (bāozi, steamed		个	五毛
stuffed bun)			

3. 一共<u>七块五</u>。您这是<u>十块</u>，
   找您<u>两块五</u>。

十五块	二十块	五块；
两百八十块	三百块	二十块

4. 我<u>渴</u>死了！

饿；	热；	冷；	累

5. 哪儿有<u>卖</u><u>饮料</u>的。

卖	花；
卖	吃；
修	车；
拍	照片儿（zhàopiānr, picture）

7. 先放<u>硬币</u>再<u>按</u>。

洗（xǐ, to wash）手	吃饭；
买东西	回家；
去银行取钱	去逛街

 做一做 Zuò yi zuò Fill in the blanks.

1. A：先生，_____？
   B：我要买蛋糕。
   A：您要这种_____那种？
   B：那种_____？
   A：八块。_____？

B：给我＿＿＿＿＿＿五块。

A：一共 ＿＿＿＿＿＿。您这是 100 块，找您＿＿＿＿＿＿。

2. A：饿死了！哪有＿＿＿＿＿＿？

　B：瞧，那儿有卖包子的。

　A：这包子＿＿＿＿＿＿多少钱？

　C：一块钱一个。

　A：＿＿＿＿＿＿两个。

3. A：你要＿＿＿＿＿＿？

　B：有可口可乐吗？

　A：有。＿＿＿＿＿＿？

　B：＿＿＿＿＿＿三罐吧。

连一连 Lián yi lián

Rearrange the given words into sentences.

1. 什么　　想　　　买　　　你们　　点儿
2. 死　　　今天　　我　　　热　　　了
3. 先　　　再　　　打电话　去他家　我们
4. 哪儿　　的　　　有　　　卖　　　可口可乐
5. 都　　　来　　　想　　　我们　　乌龙茶

译一译 Yì yi yì Translate the following sentences.

1. 你要买点儿什么？
2. 这种西瓜多少钱？
3. 你要几瓶可口可乐？
4. 你要喝什么？茶还是啤酒？
5. 我去超市买三瓶啤酒和两盒饼干。

问一问 Wèn yi wèn

Ask questions about the underlined parts.

1. 他买了巧克力和饼干。
2. 西瓜一块五一斤。
3. 大卫买了两斤苹果。
4. 丁凡去超市买啤酒。

听一听，辨一辨 Tīng yi tīng, biàn yi biàn

Listen and distinguish sounds and tones.

tóujī-qǔqiǎo（投机取巧）　　xiàjì duō yǔ（夏季多雨）

shǒuqūyìzhǐ（首屈一指）　　yíwèn yǔqì（疑问语气）

dāngjúzhěmí（当局者迷）　　zǔjù liànxí（组句练习）

yúwēngdélì（渔翁得利）　　fēnxī yǔyì（分析语义）

练一练 Liàn yi liàn Read the following jingle aloud.

一只皮鞋 Yì zhī píxié　　　　　一只蒲鞋 Yì zhī púxié

皮鞋补蒲鞋 Píxié bǔ púxié　　　蒲鞋补皮鞋 Púxié bǔ píxié

皮鞋、蒲鞋 Píxié、púxié　　　蒲鞋、皮鞋 Púxié、píxié

你知道吗? Nǐ zhīdào ma? Do you know?

在中国,买水果、买菜时都要称重量的,最常用的重量单位是"斤"和"公斤",1 斤=1/2 公斤。

现在自动售货机在中国越来越普及了,细心的你可以注意一下你住的地方附近、学校里、街上有没有,需要的时候可以用得上,很方便的!

In China, things like fruits and vegetables are sold by weight. The most commonly used units of weight are kilogram and *jin* which equals to half a kilogram.

Nowadays, as a convenience for people's daily life, vending machines are getting more and more popular in China, and they can be found in such places as schools and residential areas.

第九课　换季打折喽，请随便看看！

Dì-jiǔ kè　　Huàn jì dǎ zhé lou, qǐng suíbiàn kànkan!

Lesson Nine　Welcome to the seasonal discount sale.

 说一说 Shuō yi shuō Learn the dialogues.

小伙子：换季打折喽，请随便看看。

Xiǎohuǒzi:　Huàn jì dǎ zhé lou, qǐng suíbiàn kànkan.

小　雨：我想试一下这件 T 恤。

Xiǎoyǔ:　Wǒ xiǎng shì yíxià zhè jiàn tīxù.

小伙子：您穿多大号的？

Xiǎohuǒzi:　Nín chuān duō dà hào de?

小　雨：中号。稍微大了一点儿，有小号的吗？

Xiǎoyǔ:　Zhōnghào. Shāowēi dàle yìdiǎnr, yǒu xiǎohào de ma?

小伙子：红色的没有小号的，白色的有。

Xiǎohuǒzi:　Hóngsè de méiyǒu xiǎohào de, báisè de yǒu.

小　雨：给我一件白色的试试。这件挺合身，多少钱？

Xiǎoyǔ:　Gěi wǒ yí jiàn báisè de shìshi. Zhè jiàn tǐng héshēn, duōshao qián?

小伙子：九十块。

Xiǎohuǒzi:　Jiǔshí kuài.

小　　雨： 太贵了,便宜点儿。
Xiǎoyǔ:　　 Tài guì le, piányi diǎnr。

小伙子： 已经打了六折,您真喜欢的话,给您打个五折
吧,不能再便宜了。
Xiǎohuǒzi:　 Yǐ jīng dǎle liù zhé, nín zhēn xǐhuan de huà, gěi nín dǎ ge wǔ
zhé ba, bù néng zài piányi le。

小　　雨： 那就拿一件吧。
Xiǎoyǔ:　　 Nà jiù ná yí jiàn ba。

学一学 Xué yi xué

Learn the following sentence patterns.

1. 换季打折喽, 请随便看看。
   Huàn jì dǎ zhé lou, qǐng suíbiàn kànkan。
   Welcome to the seasonal discount sale.

2. 您穿多大号的?
   Nín chuān duō dà hào de?
   What size do you wear?

3. 稍微大了一点儿,有小号的吗?
   Shāowēi dàle yìdiǎnr, yǒu xiǎohào de ma?
   It's a little too big. Is there a smaller one?

4. 这件挺合身,多少钱?
   Zhè jiàn tǐng héshēn, duōshao qián?
   This one fits me. How much is it?

5. 太贵了,便宜点儿。
   Tài guì le, piányi diǎnr。
   It's too expensive. Could you make it cheaper?

记一记 Jì yi jì Learn the new words and expressions.

小伙子	（名）	xiǎohuǒzi	lad
换季		huàn jì	to go into a new season
喽	（助）	lou	（a particle）
件	（量）	jiàn	（a classifier）
T恤	（名）	tīxù	T-shirt
穿	（动）	chuān	to wear
号	（名）	hào	size
红色	（名）	hóngsè	red
白色	（名）	báisè	white
挺	（副）	tǐng	very
合身	（形）	héshēn	fit, suitable
贵	（形）	guì	expensive

 注一注 Zhù yi zhù Notes

1. 稍微大了一点儿，有小号的吗？

副词"稍微"，表示数量不多或程度不高。

例如：

(1) 我想稍微休息一会儿。

(2) 王老师请你稍微等一下。

(3) 这种苹果稍微酸了一点儿。

(4) 这件T恤稍微贵了一点儿。

2. 这件挺合身。

副词"挺"表示程度相当高，但比"很"的程度低，用于口语。"挺"所修饰的形容词、动词后面常带"的"。

例如：

(1) 汉语挺难的。

(2) 最近中国挺热的。

(3) 大卫挺喜欢上网的。

3. 那就拿一件吧。

"那"表示顺着上文的意思或根据上文的条件、情况，说出应该出现的结果或做出的决定。也可以用"那么"，意思一样。

例如：

天下雨了。——那我们就在家吃饭吧。

我也想去。——那我们一起去吧。

 跟我念 Gēn wǒ niàn Read after me.

huān	huán	huǎn	huàn	huàn	换季	⎱ 换季
jī	jí	jǐ	jì	jì		
dā	dá	dǎ	dà	dǎ	打折	⎱ 打折
zhē	zhé	zhě	zhè	zhé		
suī	suí	suǐ	suì	suí	随便	⎱ 随便
biān	bián	biǎn	biàn	biàn		
shāo	sháo	shǎo	shào	shāo	稍微	⎱ 稍微
wēi	wéi	wěi	wèi	wēi		
tīng	tíng	tǐng	tìng	tǐng	挺	
hē	hé	hě	hè	hé	合身	⎱ 合身
shēn	shén	shěn	shèn	shēn		

T恤   tīxù

红色 T恤   hóngsè tīxù

这件红色 T恤   zhè jiàn hóngsè tīxù

这件红色 T恤合身   zhè jiàn hóngsè tīxù héshēn

这件红色 T恤挺合身的   zhè jiàn hóngsè tīxù tǐng héshēn de

你穿这件红色 T恤挺合身的！

Nǐ chuān zhè jiàn hóngsè tīxù tǐng héshēn de!

打折	dǎ zhé
打九折	dǎ jiǔ zhé
给您打九折	gěi nín dǎ jiǔ zhé
这件衣服给您打九折	zhè jiàn yīfu gěi nín dǎ jiǔ zhé
这件衣服我给您打九折。	Zhè jiàn yīfu wǒ gěi nín dǎ jiǔ zhé.
这件衣服我只能给您打九折。	

Zhè jiàn yīfu wǒ zhǐ néng gěi nín dǎ jiǔ zhé.

试一试 Shì yi shì Substitute the underlined parts.

1. 我想试一下这件 T 恤。

试		条	裤子；
看		种	蛋糕；
做		课	练习 (liànxí, exercise)；
尝 (cháng, to taste)		种	水果 (shuǐguǒ, fruit)

2. 红色的没有小号的，白色的有。

蓝色 (lánsè, blue)	中号	黄色 (huángsè, yellow)；
黑色 (hēisè, black)	大号	绿色 (lǜsè, green)

3. 太贵了，有便宜一点儿的吗？

大		小；
短		长；
旧 (jiù, old)		新

连一连 Lián yi lián

Rearrange the given words into sentences.

1. 想　　一点儿　　你们　　什么　　买
2. 钱　　这种　　多少　　西瓜　　一斤
3. 大号　　穿　　还是　　中号　　你　　的
4. 红色　　试试　　的　　那条　　我　　裙子
5. T恤　　这　　件　　一点儿　　大　　稍微　　了
6. 挺　　好看　　那　　裙子　　条　　的

 选一选, 填一填 Xuǎn yi xuǎn, tián yi tián

Choose the right words and fill in the brackets.

件　　条　　双　　块　　盒　　斤

1. 一＿＿＿蛋糕

2. 一＿＿＿鞋子

3. 一＿＿＿苹果

4. 一＿＿＿上衣

5. 一＿＿＿饼干

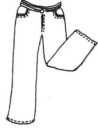

6. 一＿＿＿裤子

7. 一＿＿＿T恤

8. 一＿＿＿裙子

稍微　挺　已经　再　一点儿　还

1. (　　　)两点了,他怎么(　　　)不来?

2. 我想换一件小(　　　)的。

3. 学校离邮局(　　　)近的。

4. 没有比这件(　　　)大一点儿的吗?

5. 我们(　　　)休息一下再走。

 译一译 Yì yi yì Translate the following sentences.

1. 嗨,你有空儿吗? 我们去逛街吧?

2. 我喜欢蓝色的。

3. 这件 T 恤太小,你有大点儿的吗?

4. 太贵了,便宜一点儿。

5. 您要买什么?

　　—我想看看那件绿色的衣服。

6. 我可以试试吗?

 念一念,答一答 Niàn yi niàn, dá yi dá

Read the passage and answer the questions.

幸子:小雨,你看,这两条裙子都很漂亮,你觉得哪一条更
　　　适合我?

小雨:虽然白色的是名牌(míngpái, famous brand),但是蓝色的
　　　式样(shìyàng, style)更好,更适合你。

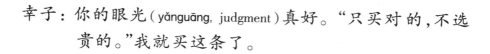

幸子：你的眼光（yǎnguāng, judgment）真好。"只买对的,不选
　　　贵的。"我就买这条了。

问题：

1. 小雨觉得哪一条裙子更适合幸子？为什么？
2. 你知道"只买对的,不选贵的"是什么意思吗？

听一听,辨一辨　Tīng yi tīng, biàn yi biàn
Listen and distinguish sounds and tones.

jīnrì xīnwén（今日新闻）　　　ānquán yùnxíng（安全运行）

píngyì-jìnrén（平易近人）　　　zhèngdà-guāngmíng（正大光明）

jīngmíng-qiánggàn（精明强干）　hùxiāng-zūnzhòng（互相尊重）

tiānzhēn-lànmàn（天真烂漫）　　yīngyǒng chōngfēng（英勇冲锋）

jiāqiáng duànliàn（加强锻炼）　　yǔzhòngxīncháng（语重心长）

huānyíng guānglín（欢迎光临）　tǐng héshēn de（挺合身的）

念一念,唱一唱　Niàn yi niàn, chàng yi chàng
Read and sing the song.

卖汤圆

　　卖汤圆,卖汤圆,小二哥的汤圆是圆又圆。一碗汤圆
满又满,三毛钱呀卖一碗,汤圆汤圆卖汤圆,汤圆一样可
以当茶饭。哎嘿哎哟,汤圆汤圆卖汤圆,公平交易可以保
退换。

卖汤圆

台湾汉族民歌

 演一演 Yǎn yi yǎn Act on the given situations.

1. 分角色扮演售货员、顾客,表演在商店里买东西。

2. 上台讲讲你买到的最满意的一样东西,多少钱买的,在哪里买的,质量如何,等等。

3. 讲讲你在中国的一次购物经历。

你知道吗？ Nǐ zhīdào ma? Do you know?

中国与世界上许多地方一样，每到换季或重要的节日，许多商店都会打折，尤其是鞋、帽、衣服类。如打八折，就是原来价格乘以 80%，有时商店还会推出"买一送一"或"买一赠一"这样的活动，就是你买一样他指定好的商品，商家会额外送给你一样小东西。此外，一些小店虽然没有写明"打折"，但还是可以还价的，具体能以多少价钱成交，那可就看你的本事喽！

Like many other places in the world, stores in China give seasonal and festival discounts, especially on such thing as shoes, hats and clothes. It will be helpful to understand the reduced price written in Chinese on a price tag. For example, "八折" means 80% of the original price.

Promotion phrases like "买一送一" and "买一赠一" tell you that for every commodity you buy from the store, you will get something else free.

第十课　今年特别冷,比去年冷多了

Dì-shí kè　Jīnnián tèbié lěng, bǐ qùnián lěng duō le

Lesson Ten　It's so cold this year, much colder than last year.

 说一说 Shuō yi shuō Learn the dialogues.

陈　平：小雨,看这天,好像要下雨,带把伞吧。

Chén Píng: Xiǎoyǔ, kàn zhè tiān, hǎoxiàng yào xià yǔ, dài bǎ sǎn ba.

小　雨：没关系。天气预报说今天是阴天,明天才有雨。

Xiǎoyǔ:　Méiguānxi. Tiānqì yùbào shuō jīntiān shì yīntiān, míngtiān cái yǒu yǔ.

陈　平：今天挺冷的,大概只有5度,你出门多穿点儿衣服。

Chén Píng: Jīntiān tǐng lěng de, dàgài zhǐyǒu wǔ dù, nǐ chūmén duō chuān diǎnr yīfu.

小　雨：好的,爷爷,我再加一件外套。

Xiǎoyǔ:　Hǎo de, yéye, wǒ zài jiā yí jiàn wàitào.

大 卫： 这里冬天真冷。
Dàwèi: Zhèlǐ dōngtiān zhēn lěng。

丁 凡： 今年特别冷，比去年冷多了。你们家乡冬天怎么样？
Dīng Fán: Jīnnián tèbié lěng, bǐ qùnián lěng duō le。Nǐmen jiāxiāng dōngtiān zěnmeyàng?

大 卫： 没有这儿冷，气温在 10 度左右。
Dàwèi: Méiyǒu zhèr lěng, qìwēn zài shí dù zuǒyòu。

丁 凡： 下雪吗？
Dīng Fán: Xià xuě ma?

大 卫： 真可惜，不常下。
Dàwèi: Zhēn kěxī, bù cháng xià。

学一学 Xué yi xué

Learn the following sentence patterns.

1. 天气预报说今天是阴天，明天才有雨。
Tiānqì yùbào shuō jīntiān shì yīntiān, míngtiān cái yǒu yǔ。
The weather forecast says it is overcast today and it will not rain until tomorrow.

2. 今天挺冷的，大概只有 5 度。
Jīntiān tǐng lěng de, dàgài zhǐyǒu wǔ dù。
It's cold today. The temperature is about 5 degrees centigrade only.

3. 今年特别冷，比去年冷多了。

Jīnnián tèbié lěng, bǐ qùnián lěng duō le.

It's so cold this year, much colder than last year.

4. 没有这儿冷，气温在 10 度左右。

Méiyǒu zhèr lěng, qìwēn zài shí dù zuǒyòu.

It is not as cold as it is here. The temperature is about 10 degrees.

5. 下雪吗？

Xià xuě ma?

Does it snow?

 记一记 Jì yi jì Learn the new words and expressions.

好像	（副）	hǎoxiàng	seem, probably
下雨	（动）	xiàyǔ	to rain
把	（量）	bǎ	（a classifier）
伞	（名）	sǎn	umbrella
没关系		méiguānxi	It dosen't matter
天气预报	（名）	tiānqìyùbào	weather forcast
阴天	（名）	yīntiān	overcast
只有	（副）	zhǐyǒu	only
出门	（动）	chūmén	to go out
加	（动）	jiā	to add
外套	（名）	wàitào	overcoat
特别	（副）	tèbié	especially, particularly
家乡	（名）	jiāxiāng	home town
气温	（名）	qìwēn	atmospheric temperature
下雪	（动）	xiàxuě	to snow
常	（副）	cháng	often
可惜	（形）	kěxī	shameful

注一注 Zhù yi zhù Notes

1. 天气预报说今天是阴天,明天才有雨。

   副词"才"表示事情发生或结束得晚。

   例如:

   (1) 别等了,大卫明天才到。

   (2) 十二点了,你怎么才回来?

   (3) 他今天晚上才去上海。

2. 今年特别冷,比去年冷多了。

   用"比"表示比较的句式是:"A 比 B + 形容词性成分"。
   形容词前不带"很"之类的修饰语,修饰语一般放在形容
   词性成分后面。

   例如:

   (1) 我比他忙。

   (2) 我们那儿的冬天比北京冷多了。

   (3) 他比我高一点儿。

   (4) 我比你大一岁。

3. 我们家乡没有这儿冷。

   这是用"比"的比较句的否定形式,动词"没有"表示不
   及。

   例如:

   (1) 他没有我忙。

   (2) 苹果没有西瓜好吃

   (3) 这里没有那里热。

跟我念 Gēn wǒ niàn Read after me.

hāo	háo	hǎo	hào	hǎo	好像 } 好像
xiāng	xiáng	xiǎng	xiàng	xiàng	
dā	dá	dǎ	dà	dà	大概 } 大概
gāi	gái	gǎi	gài	gài	
jīng	jíng	jǐng	jìng	jīng	经常 } 经常
chāng	cháng	chǎng	chàng	cháng	
tē	té	tě	tè	tè	特别 } 特别
biē	bié	biě	biè	bié	
kē	ké	kě	kè	kě	可惜 } 可惜
xī	xí	xǐ	xì	xī	
jiā	jiá	jiǎ	jià	jiā	家乡 } 家乡
xiāng	xiáng	xiǎng	xiàng	xiāng	

外套　　　　　　　　　　　　wàitào

一件外套　　　　　　　　　　yí jiàn wàitào

加一件外套　　　　　　　　　jiā yí jiàn wàitào

再加一件外套　　　　　　　　zài jiā yí jiàn wàitào

出门再加一件外套　　　　　　chūmén zài jiā yí jiàn wàitào

请你出门再加一件外套。　　　Qǐng nǐ chūmén zài jiā yí jiàn wàitào.

冷　　　　　　　　　　　　　lěng

冷多了　　　　　　　　　　　lěng duō le

比这里冷多了　　　　　　　　bǐ zhèli lěng duō le

我们家乡比这里冷多了。　　　Wǒmen jiāxiāng bǐ zhèli lěng duō le.

这里没有我们家乡冷。　　　　Zhèli méiyǒu wǒmen jiāxiāng lěng.

试一试 Shì yi shì Substitute the underlined parts.

1. 天气预报说今天<u>阴天</u>，明天<u>有雨</u>。

晴天	晴转多云；
有雨	雨转（zhuǎn, to change）晴；
刮风（guāfēng, windy）	下雨

2. 这里<u>冬天</u>真<u>冷</u>。

夏天	热；
春天	暖和（nuǎnhuo, warm）；
秋天	凉快（liángkuai, cool）

3. <u>今年</u>比<u>去年冷</u>多了。

他的房间	我的房间	大；
这条裤子	那条裤子	贵；
我哥哥	我	高

4. <u>我们家乡</u>没有<u>这儿冷</u>。

我妹妹	我	胖（pàng, fat）；
汽车	火车	快；
英语	汉语	难；
可口可乐	雪碧（Xuěbì, Sprite）	好喝

6. 你们家乡冬天怎么样?

> 今天天气;
>
> 这本汉语书;
>
> 你的房间;
>
> 这件 T 恤

 做一做 Zuò yi zuò Fill in the blanks.

A：喂,小雨,你那儿天气_____?

B：不冷_____不热,_____。

A：风大吗?

B：_____。大卫,你那儿呢?

A：每天都下雨。

B：_____?

A：今天_____冷,_____昨天冷_____了。

B：_____?

A：零下五度_____。

B：多穿点儿衣服啊!

→ 连一连 Lián yi lián

Rearrange the given words into sentences.

1. 比   冷   昨天   今天   多   了

2. 没有   你们那儿   我们这儿   冷

3. 冬天   和   喜欢   我   夏天

4. 一点儿   衣服   穿   多   你

5. 下雪   家乡   经常   我们

译一译 Yì yi yì Translate the following sentences.

1. 今天天气怎么样?
2. 昨天晚上雨下得很大。
3. 今天大约零下十度。
4. 下雪比下雨好。下雪很漂亮,我喜欢。
5. 好像下雨了,别忘了带伞。

 念一念,答一答 Niàn yi niàn, dá yi dá

Read the passage and answer the questions.

大卫的日记:

　　北京的春天风很大,夏天很热,冬天非常冷,秋天最好。比如这个月的天气就好极了。不下雨,没有风,有太阳。不冷也不热,很舒服。我们常常出去玩儿。

问题:

1. 最近北京是什么季节(jìjié, season)? 天气怎么样?
   下雨吗? 有风吗?
2. 北京的春天怎么样? 夏天呢?
3. 你喜欢你所在的城市的春天还是秋天?

 听一听,答一答 Tīng yi tīng, dá yi dá

Listen to the passage and answer the questions.

1. B 出去干什么了?
   A. 去商店买东西
   B. 去书店买地图
   C. 去邮局寄包裹
   D. 去图书馆借书

2. 下雨了，B 为什么不带伞

    A. 他的伞坏了

    B. 他把伞丢了

    C. 他不知道要下雨

    D. 他怕麻烦

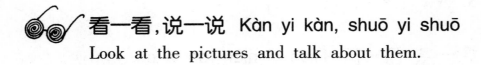

看一看，说一说 Kàn yi kàn, shuō yi shuō

Look at the pictures and talk about them.

1. 矮冬瓜跟大卫比身高、体重等。

2. 比一比你留学的城市和你家乡的气候、景色和食物有
什么区别等等。

你知道吗? Nǐ zhīdào ma? Do you know?

中国的气候很有特点：夏天南方和北方差不多，都很热；冬天南北温差很大，北方很冷，南方比较暖和。你如果冬天来中国，一定要注意：去北方的话要多穿点儿衣服，去南方的话要少穿点儿。

It is interesting to look at some features of the climate in China. In summer, it is very hot both in the North and in the South, but in winter, it is much warmer in the southern part of China than in North China. So, remember to take warm clothes with you when going to the North during the winter time.

第十一课　你们这儿有什么特色菜?

Dì-shíyī kè　　Nǐmen zhèr yǒu shénme tèsè cài?

Lesson Eleven　　What is your specialty?

 说一说 Shuō yi shuō Learn the dialogues.

小　雨: 十二点了,该吃饭了。

Xiǎoyǔ:　Shí'èr diǎn le, gāi chī fàn le。

大　卫: 食堂的菜我都吃腻了,该换换口味,出去吃吧?

Dàwèi:　Shítáng de cài wǒ dōu chī nì le, gāi huànhuan kǒuwèi, chūqù chī ba?

小　雨: 好,路口新开了一家饭店, 我们去试试吧!

Xiǎoyǔ:　Hǎo, lùkǒu xīn kāi le yì jiā fàndiàn, wǒmen qù shìshi ba!

大　卫: 那我们现在就去吧,我请客。

Dàwèi:　Nà wǒmen xiànzài jiù qù ba, wǒ qǐngkè。

服务员： 欢迎光临，两位请这边坐。这是菜单。
Fúwùyuán: Huānyíng guānglín, liǎng wèi qǐng zhèbiān zuò. Zhè shì càidān.

大　卫： 你们这儿有什么特色菜？
Dàwèi: Nǐmen zhèr yǒu shénme tèsè cài?

服务员： 鱼香肉丝和麻婆豆腐都不错。
Fúwùyuán: Yúxiāngròusī hé Mápódòufu dōu búcuò.

大　卫： 我来一个鱼香肉丝。小雨，你呢？
Dàwèi: Wǒ lái yí ge Yúxiāngròusī. Xiǎoyǔ, nǐ ne?

小　雨： 我想吃清淡一点儿的，来一个香菇青菜吧。
Xiǎoyǔ: Wǒ xiǎng chī qīngdàn yìdiǎnr de, lái yí ge Xiānggūqīngcài ba.

服务员： 两位主食吃什么？炒饭还是饺子？
Fúwùyuán: Liǎng wèi zhǔshí chī shénme? Chǎofàn háishì jiǎozi?

大　卫： 听说中国的饺子很好吃，我想尝尝。
Dàwèi: Tīngshuō Zhōngguó de jiǎozi hěn hǎochī, wǒ xiǎng chángchang.

小　雨： 好，来六两饺子。再来两瓶啤酒。
Xiǎoyǔ: Hǎo, lái liù liǎng jiǎozi. Zài lái liǎng píng píjiǔ.

服务员： 好的，请稍等，菜马上就来。
Fúwùyuán: Hǎo de, qǐng shāo děng, cài mǎshàng jiù lái.

大　卫：小姐，买单。
Dàwèi:　　Xiǎojie, mǎidān.

服务员：两位一共一百二十块。
Fúwùyuán:　Liǎng wèi yígòng yìbǎi' èrshí kuài.

大　卫：给您钱。
Dàwèi:　　Gěi nín qián.

服务员：找您八十块。欢迎再来！
Fúwùyuán:　Zhǎo nín bāshí kuài. Huānyíng zài lái!

学一学 Xué yi xué

Learn the following sentence patterns.

1. 换换口味，出去吃吧？
Huànhuan kǒuwèi, chūqù chī ba?
Let's dine out for a change.

2. 欢迎光临，两位请这边坐。
Huānyíng guānglín, liǎng wèi qǐng zhèbiān zuò.
Welcome. This way, please.

3. 你们这儿有什么特色菜？
Nǐmen zhèr yǒu shénme tèsè cài?
What is your specialty?

4. 请稍等，菜马上就来。

Qǐng shāo děng, cài mǎshàng jiù lái.

Please wait a moment. The dishes will be ready soon.

5. 小姐，买单。

Xiǎojie, mǎidān.

Waitress, the bill, please.

 记一记 Jì yi jì Learn the new words and expressions.

腻	（形）	nì	to be bored with, to be tired of
口味	（名）	kǒuwèi	taste
请客	（动）	qǐngkè	to stand treat, to invite sb. to dinner
特色	（名）	tèsè	specialty
清淡	（形）	qīngdàn	not greasy, light
主食	（名）	zhǔshí	staple food
炒饭	（名）	chǎofàn	fried rice
尝	（动）	cháng	to taste, to try the flavour of
鱼香肉丝	（专名）	Yúxiāngròusī	shredded pork and green sauce
麻婆豆腐	（专名）	Mápódòufu	spicy hot bean curd

 注一注 Zhù yi zhù Notes

1. 十二点了，该吃饭了。

能愿动词"该"是"应该"的意思。多用于口语。

例如：

（1）八点了，该上课了。

（2）我该给家里人写信了。

（3）你该回去了。

2. 请稍等，菜马上就来。

副词"马上"，表示即将发生或紧接着某件事情发生。

101

用在谓语前,后面常带副词"就"。

例如:

(1) A:幸子——

B:马上来!

(2) 已经七点五十分了,马上就要上课了。

(3) 我朋友马上就要来北京了。

 跟我念 Gēn wǒ niàn Read after me.

kōu	kóu	kǒu	kòu	kǒu	口	口味
wēi	wéi	wěi	wèi	wèi	味	
qīng	qíng	qǐng	qìng	qǐng	请	请客
kē	ké	kě	kè	kè	客	
tē	té	tě	tè	tè	特	特色
sē	sé	sě	sè	sè	色	
zhū	zhú	zhǔ	zhù	zhǔ	主	主食
shī	shí	shǐ	shì	shí	食	
qīng	qíng	qǐng	qìng	qīng	清	清淡
dān	dán	dǎn	dàn	dàn	淡	

吃饭   chī fàn

去饭店吃饭   qù fàndiàn chī fàn

今天去饭店吃饭   jīntiān qù fàndiàn chī fàn

今天我们去饭店吃饭。   Jīntiān wǒmen qù fàndiàn chī fàn.

今天我们去那家饭店吃饭。Jīntiān wǒmen qù nà jiā fàndiàn chī fàn.

今天我们去那家新开的饭店吃饭。

Jīntiān wǒmen qù nà jiā xīn kāi de fàndiàn chī fàn.

今天我们去路口那家新开的饭店吃饭。

Jīntiān wǒmen qù lùkǒu nà jiā xīn kāi de fàndiàn chī fàn.

菜   cài

特色菜   tèsè cài

有什么特色菜   yǒu shénme tèsè cài

你们这儿有什么特色菜？   Nǐmen zhèr yǒu shénme tèsè cài?

请问，你们这儿有什么特色菜？

Qǐngwèn, nǐmen zhèr yǒu shénme tèsè cài?

试一试 Shì yi shì Substitute the underlined parts.

1. <u>十二点</u>了，该<u>吃饭</u>了。

七点	起床；
天冷了	加衣服；
九点三刻	下课

2. 我想吃<u>清淡</u>一点儿的，来一个<u>香菇青菜</u>吧。

辣	辣子鸡；
酸（suān, sour）	酸辣汤（suānlàtāng, sour and hot soup）；
甜（tián, sweet）	蛋糕

3. <u>炒饭</u>还是<u>饺子</u>？

中餐（zhōngcān, Chinese food）
西餐（xīcān, Western Food）；
韩国料理（liàolǐ, Korean food）
日本料理（Rìběn liàolǐ, Japanese food）

4. 再来两<u>瓶</u> <u>啤酒</u>。

杯	牛奶；
碗（wǎn, bowl）	米饭；
碗	汤；
碗	粥（zhōu, porridge）

做一做 Zuò yi zuò Fill in the blanks.

1. A：_____ ,您请这边坐。您要_____ ?

   B：这儿有饺子吗?

   A：_____ 。您要_____ ?

   B：_____ 三两饺子。_____来一_____酸辣汤。

   A：好,_____ 。

   B：一共_____ ?

   A：七块五。

2. A：这菜太油腻（yónì, greasy）了,我想吃_____ 一点儿的。

   B：那我们去_____ 鸡粥吧。

   A：好的。一_____ 鸡粥_____ ?

   B：只要两块钱。

连一连 Lián yi lián

Rearrange the given words into sentences.

1. 听说　好吃　很　的　　　中国　饺子
2. 尝尝　特色菜　想　我　　你们　的
3. 换换　你们　该　了　口味
4. 幸子　清淡　喜欢　一点儿　菜　　的

5. 主食　你们　　什么　来　　点儿

问一问 Wèn yi wèn

Ask questions about the underlined parts.

1. 大卫喜欢吃<u>中国的饺子</u>。
2. 丁凡要<u>三瓶</u>啤酒。
3. <u>星期六晚上</u>小雨和<u>大卫</u>去<u>北京饭店</u>吃饭。

译一译 Yì yi yì Translate the following sentences.

1. 给您菜单。
2. 这儿有什么特色菜？
3. 我要两瓶啤酒和一罐雪碧。
4. 你喜欢吃辣的吗？
5. 欢迎下次再来。
6. 你会做中国菜吗？

念一念, 答一答 Niàn yi niàn, dá yi dá

Read the passage and answer the questions.

小雨的日记：

　　今天大卫请我去路口新开的一家饭店吃晚饭（wǎnfàn, supper）。我们点了两菜一汤, 喝了两瓶啤酒。这家饭店的菜又便宜又好吃。下次, 我要请爷爷去尝尝！

问题：

　　1. 小雨今天和谁一起吃饭的？
　　2. 他们今天都吃了什么？
　　3. 小雨喜欢这家饭店吗？

演一演 Yǎn yi yǎn Act on the given situations.

分角色扮演客人和服务员。到饭店吃饭 —点菜 — 评菜 —买单。

你知道吗？ Nǐ zhīdào ma? Do you know?

中国人吃饭用筷子，你会用吗？

西方人吃饭时用叉子叉起一块食物通常要一口吃掉，而中国人不一定，用筷子夹起一块食物可以分几口吃掉。所以你在中国吃饭时，特别像吃小笼包这种很烫的食物，不要一口就吃掉，否则会烫坏你的嘴，一定要小心！

西方人请客吃饭，主人常说 "Help yourself." "Make yourself at home."；中国主人常会说 "慢慢吃"、"多吃点儿"，还会主动给客人夹菜、劝酒，中国人喜欢劝酒，你要当心哦，别喝醉了。

Chinese use chopsticks to eat. Can you use them?

When a Chinese picks up some food such as a piece of very hot steamed stuffed bun with chopsticks, he/she may eat it in a few bites instead of one bite just like westerners with a fork, to avoid getting hurt by the hot juice inside the bun.

Westerners, when entertaining others, always say things like "Help yourself." or "Make yourself at home.", while a Chinese would say "慢慢吃" (Take your time.) or "多吃点儿" (Have more.) and help guests with the food and urge them to drink wine. So, if you are invited to a dinner in China, take care not to get drunk.

第十二课　你脸色不太好,不舒服吗?

Dì-shí'èr kè

Lesson Twelve

Nǐ liǎnsè bú tài hǎo, bù shūfu ma?

You look a little pale.

What's wrong with you?

 说一说 Shuō yi shuō Learn the dialogues.

小　雨：你脸色不太好,不舒服吗?

Xiǎoyǔ：　Nǐ liǎnsè bú tài hǎo, bù shūfu ma?

大　卫：是啊,头疼得很。

Dàwèi：　Shì a, tóu téng de hěn。

小　雨：开一晚上空调,着凉了吧? 我陪你去医院看看。

Xiǎoyǔ：　Kāi yì wǎnshang kōngtiáo, zháoliáng le ba? Wǒ péi nǐ qù yīyuàn

　　　　　kànkan。

大　卫：谢谢。

Dàwèi：　Xièxie。

大　夫：你怎么了？哪儿不舒服？
Dàifu: Nǐ zěnme le? Nǎr bù shūfu?

大　卫：全身不舒服，觉得一点儿劲儿也没有。
Dàwèi: Quánshēn bù shūfu, juéde yìdiǎnr jìnr yě méiyǒu.

大　夫：量量体温吧……三十八度。
Dàifu: Liángliang tǐwēn ba……sānshíbā dù.

大　卫：要紧吗？
Dàwèi: Yàojǐn ma?

大　夫：不要紧，有点儿发烧，给你打两针吧。
Dàifu: Bú yàojǐn, yǒudiǎnr fāshāo, gěi nǐ dǎ liǎng zhēn ba.

大　卫：我怕疼，可以不打针吗？
Dàwèi: Wǒ pà téng, kěyǐ bù dǎ zhēn ma?

大　夫：打针好得快。你不愿意打的话，我给你开点儿药吧。
Dàifu: Dǎ zhēn hǎo de kuài. Nǐ bú yuànyì dǎ de huà, wǒ gěi nǐ kāi diǎnr yào ba.

大　卫：这药怎么吃？
Dàwèi: Zhè yào zěnme chī?

大　夫：一天吃三次，一次吃一片。
Dàifu: Yì tiān chī sān cì, yí cì chī yí piàn.

大　卫：谢谢您！
Dàwèi: Xièxie nín!

大　夫：不客气。
Dàifu: Búkèqi.

学一学 Xué yi xué

Learn the following sentence patterns.

1. 你脸色不太好,不舒服吗?

Nǐ liǎnsè bú tài hǎo, bù shūfu ma?

You look a little pale. What's wrong with you?

2. 开一晚上空调,着凉了吧?

Kāi yì wǎnshang kōngtiáo, zháoliáng le ba?

The air-conditioner was on throughout the night. You might have caught a cold.

3. 全身不舒服,觉得一点儿劲儿也没有。

Quánshēn bù shūfu, juéde yìdiǎnr jìnr yě méiyǒu。

I don't feel well. I am feeling weak.

4. 量量体温吧。

Liángliang tǐwēn ba。

Let me take your temperature.

5. 不要紧,有点儿发烧,给你打两针吧。

Bú yàojǐn, yǒudiǎnr fāshāo, gěi nǐ dǎ liǎng zhēn ba。

Don't worry. You've got a slight fever. You need two injections.

 记一记 Jì yi jì Learn the new words and expressions.

头疼		tóuténg	headache
空调	(名)	kōngtiáo	air-conditioner
着凉	(动)	zháoliáng	to catch a cold
医院	(名)	yīyuàn	hospital
大夫	(名)	dàifu	doctor
觉得	(动)	juéde	to feel
量	(动)	liáng	measure

不要紧		búyàojǐn	It doesn't matter.
怕	(动)	pà	to fear, to be afraid of
愿意	(动)	yuànyì	to be willing, to be ready
开药		kāi yào	to prescribe
片	(量)	piàn	(a classifier)

 注一注 Zhù yi zhù Notes

1. 头疼得很。

"很"用在"得"的后面,表示程度高。

例如:

(1) 今天热得很。

(2) 这件衣服便宜得很。

(3) 饺子好吃得很。

2. 有点儿发烧,给你打两针吧。

"有点儿"在形容词、动词前,表示程度轻,多用于不如意的事情。也可以说成"有一点儿"。

例如:

(1) 今天有点儿热。

(2) 这件衣服有点儿贵。

(3) 我有点儿渴。

3. 不要紧,有点儿发烧,给你打两针吧。

形容词"不要紧",表示没有妨害,不成问题,常用于口语。这里表示"不严重"、"没有什么危险"的意思。相同的说法还有"没什么"、"没事儿"、"没关系"。

例如:

(1) —对不起,我迟到了。

　　—不要紧,我们也刚到。

(2) —我的病要紧吗?

—不要紧,休息几天就会好的。

（3）感冒不要紧,吃点儿药就好了。

4. 你不愿意打的话,我给你开点儿药吧。

"的话"用在假设小句的末尾。

例如：

（1）你冷的话,就加两件衣服吧。

（2）不忙的话,来我们这儿玩儿吧。

（3）这本书你喜欢的话,我送给你了。

 跟我念 Gēn wǒ niàn Read after me.

		hole	available			
kōng	kóng	kǒng	kòng	kōng	空调	空调
tiāo	tiáo	tiǎo	tiào	tiáo	头疼	头疼
tōu steal	tóu =leader	tǒu	tòu	tóu	吃药	吃药
tēng	téng	těng	tèng	téng	开	
chī	chí you	chǐ teeth	chì	chī	打针	打针
yāo	yáo	yǎo	yào	yào	愿意	愿意
kāi	kái	kǎi	kài	kāi		
dā	dá	dǎ Billa	dà	dǎ		
zhēn	zhén	zhěn Billau	zhèn	zhēn		
yuān	yuán	yuǎn	yuàn	yuàn		
yī	yí	yǐ	yì	yì		

劲儿   jìnr

没有劲儿   méyǒu jìnr

一点儿劲儿也没有   yìdiǎnr jìnr yě méiyǒu

觉得一点儿劲儿也没有   juéde yìdiǎnr jìnr yě méiyǒu

我觉得一点儿劲儿也没有。   Wǒ juéde yìdiǎnr jìnr yě méiyǒu。

今天我觉得一点儿劲儿也没有。

Jīntiān wǒ juéde yìdiǎnr jìnr yě méiyǒu。

药		yào
吃药		chī yào
吃一片药		chī yí piàn yào
一次吃一片药		yí cì chī yí piàn yào
你一次吃一片药。		Nǐ yí cì chī yí piàn yào。

试一试 Shì yi shì Substitute the underlined parts.

1. <u>头疼</u>得很。

胃疼；	牙 (yá, tooth) 疼；	忙；
紧张；	渴；	饿

2. 我觉得<u>一点儿劲儿也没有</u>。

这本书很好看；
这里的菜很好吃；
有点儿不舒服

3. 我有点儿<u>发烧</u>。

感冒；	拉肚子；	累；
着急；	热；	冷

4. 给你<u>打两针</u>。

开药；	看病；
写封信；	拍张照

连一连 Lián yi lián

Rearrange the given words into sentences.

下雨了　　　　有点儿头疼

他感冒了　　　　天气有点儿冷

去外文书店　　　　有点儿贵

这件衣服　　　　有点儿远

 选一选,填一填 Xuǎn yi xuǎn, tián yi tián

Choose the right words and fill in the brackets.

一点儿　　　有点儿

1. 请多吃(　　　)。

2. 今天(　　　)冷。

3. 今天比昨天凉快(　　　)。

4. 我(　　　)也听不懂。

5. 这个菜(　　　)辣。

6. 我去超市买(　　　)东西。

7. 我(　　　)担心。

8. 有稍微大(　　　)的吗?

 译一译 Yì yi yì Translate the following sentences.

1. 你脸色不太好,不舒服吗?

2. 你发烧了吗?

　　—没有。我头痛、喉咙痛。

3. 量量体温。

4. 饭后吃药,一天吃三次,多喝水。

5. 你的病不要紧,好好休息就会好的。

问一问 Wèn yi wèn

Ask questions about the underlined parts.

1. 我<u>全身</u>不舒服。
2. 幸子昨天晚上发高烧，<u>三十九度</u>。
3. 这种药<u>一天吃三次，一次吃两片</u>。

念一念,答一答 Niàn yi niàn, dá yi dá

Read the passage and answer the questions.

大卫的日记：

　　昨天淋雨（línyǔ, to be caught in the rain），着凉了。今天早上起床以后我全身不舒服，一点儿劲儿也没有。小雨陪我去医院看病。大夫说我只是有点儿感冒、发烧，不要紧，给我开了一些药。我听大夫的话，吃了药就在房间里睡觉，现在已经好多了。

问题：

1. 大卫今天身体怎么样？
2. 谁陪大卫去医院的？
3. 大夫说大卫得了什么病？要紧吗？
4. 睡了一觉以后，大卫觉得怎么样？

念一念,练一练 Niàn yi niàn, liàn yi liàn

Read the following jingle aloud.

一只蛤蟆一张嘴，	Yì zhī háma yì zhāng zuǐ,
两只眼睛四条腿，	Liǎng zhī yǎnjing sì tiáo tuǐ,
扑通一声跳下水。	Pūtōng yì shēng tiào xià shuǐ.
两只蛤蟆两张嘴，	Liǎng zhī háma liǎng zhāng zuǐ,
四只眼睛八条腿，	Sì zhī yǎnjing bā tiáo tuǐ,

扑通扑通跳下水。 *Pūtōng pūtōng tiào xià shuǐ.*

 你知道吗? Nǐ zhīdào ma? Do you know?

当有人打喷嚏时，中国人会说"有人在想你"，"有人在说你"，或者开玩笑地说"有人在骂你了"；而西方人会说"God bless you!"（上帝保佑你）。

When a person sneezes, a Chinese would say something like "有人在想你"（Someone is missing you）, or "有人在说你"（Someone is talking about you）, or "有人在骂你了"（Someone is scolding you）. while a westerner often says "God bless you".

第十三课　除了看球,我还喜欢上网。

Dì-shísān kè　　Chúle kàn qiú, wǒ hái xǐhuan shàngwǎng

Lesson Thirteen　Besides watching ball games,
I also like surfing the Internet.

 说一说　Shuō yi shuō　Learn the dialogues.

丁　凡:大卫,你个子很高,一定是个篮球高手吧?

Dīng Fán:　Dàwèi, nǐ gèzi hěn gāo, yídìng shì ge lánqiú gāoshǒu ba?

幸　子:别看他个子高,篮球打得并不好。

Xìngzǐ:　　Bié kàn tā gèzi gāo, lánqiú dǎ de bìng bù hǎo.

大　卫:我特别喜欢看篮球比赛,NBA 每场都不会错过。

Dàwèi:　　Wǒ tèbié xǐhuan kàn lánqiú bǐsài, NBA měi chǎng dōu bú huì
cuòguò.

丁　凡：我也是个篮球迷。除了看球，我还喜欢上网。我有
　　　　很多网友。

Dīng Fán： Wǒ yě shì ge lánqiú mí。 Chúle kàn qiú, wǒ hái xǐhuan shàngwǎng。
　　　　Wǒ yǒu hěnduō Wǎngyǒu。

小　雨：幸子，你平时喜欢干什么？

Xiǎoyǔ： Xìngzǐ, nǐ píngshí xǐhuan gàn shénme?

幸　子：我喜欢看书。我对小说、戏剧都感兴趣。你呢？
Xìngzǐ:　　Wǒ xǐhuan kàn shū。Wǒ duì xiǎoshuō、xìjù dōu gǎn xìngqù。Nǐ ne？

小　雨：我的爱好是听音乐和旅行。
Xiǎoyǔ:　　Wǒ de àihào shì tīng yīnyuè hé lǚxíng。

大　卫：我也喜欢旅行，暑假的时候我们一起去旅行吧？
Dàwèi:　　Wǒ yě xǐhuan lǚxíng, shǔjià de shíhou wǒmen yìqǐ qù lǚxíng ba？

小　雨：好的。
Xiǎoyǔ:　　Hǎo de。

 学一学 Xué yi xué

Learn the following sentence patterns.

1. 我特别喜欢看篮球比赛，NBA 每场都不会错过。
Wǒ tèbié xǐhuan kàn lánqiú bǐsài, NBA měi chǎng dōu bú huì cuòguò。
I like watching basketball games very much. I never miss any NBA games.

2. 我也是个篮球迷。
Wǒ yě shì ge lánqiú mí。
I am also a basketball fan.

3. 除了看球,我还喜欢上网。

   Chúle kàn qiú, wǒ hái xǐhuan shàngwǎng.

   Besides watching ball games, I also like surfing the Internet.

4. 幸子,你平时喜欢干什么?

   Xìngzǐ, nǐ píngshí xǐhuan gàn shénme?

   Xingzi, what do you usually like to do?

5. 我的爱好是听音乐和旅行。

   Wǒ de àihào shì tīng yīnyuè hé lǚxíng.

   My hobby is listening to music and travelling.

记一记 Jì yi jì Learn the new words and expressions.

个子	(名)	gèzi	height, stature
篮球	(名)	lánqiú	basketball
高手	(名)	gāoshǒu	past master, master-hand
并	(副)	bìng	(an adverb used to reinforce a negative)
比赛	(名)	bǐsài	match, game
场	(量)	chǎng	(a classifier)
错过	(动)	cuòguò	to miss, to let slip
球迷	(名)	qiúmí	ball fan
除了	(介)	chúle	except, besides
还	(副)	hái	in addition, as well
平时	(名)	píngshí	in normal time
对	(介)	duì	to
小说	(名)	xiǎoshuō	novel
戏剧	(名)	xìjù	drama
感兴趣		gǎn xìngqù	to be interested
旅行	(动)	lǚxíng	to travel

注一注 Zhù yi zhù Notes

1. 别看他个子高,篮球打得并不好。
   副词"并"加强否定的语气,放在"不"、"没有"等前面。
   例如:
   (1) 昨天他去上网了,并没来我们这儿。
   (2) 你喜欢吃辣子鸡,我并不喜欢。
   (3) 今天小雨并没有迟到。

2. 除了看球,我还喜欢上网。
   介词"除了"表示不计算在内。
   例如:
   (1) 小雨除了听音乐,还喜欢旅行。
   (2) 除了日本朋友,我还认识韩国朋友。
   (3) 除了大卫,我们都打算去陈老师那儿。

跟我念 Gēn wǒ niàn Read after me.

cuō	cuó	cuǒ	cuò	cuò	错	错过
guō	guó	guǒ	guò	guò	过	
pīng	píng	pǐng	pìng	píng	平	平时
shī	shí	shǐ	shì	shí	时	
xiāo	xiáo	xiǎo	xiào	xiǎo	小	小说
shuō	shuó	shuǒ	shuò	shuō	说	
xī	xí	xǐ	xì	xì	戏	戏剧
jū	jú	jǔ	jù	jù	剧	
gān	gán	gǎn	gàn	gǎn	感	感兴
xīng	xíng	xǐng	xìng	xìng	兴	感兴趣
qū	qú	qǔ	qù	qù	趣	

比赛   bǐsài

篮球比赛   lánqiú bǐsài

看篮球比赛   kàn lánqiú bǐsài

喜欢看篮球比赛   xǐhuan kàn lánqiú bǐsài

特别喜欢看篮球比赛   tèbié xǐhuan kàn lánqiú bǐsài

我特别喜欢看篮球比赛。   Wǒ tèbié xǐhuan kàn lánqiú bǐsài.

兴趣   xìngqù

感兴趣   gǎn xìngqù

对上网感兴趣   duì shàngwǎng gǎn xìngqù

一直对上网感兴趣   yìzhí duì shàngwǎng gǎn xìngqù

一直对上网很感兴趣   yìzhí duì shàngwǎng hěn gǎn xìngqù

丁凡一直对上网很感兴趣。

Dīng Fán yìzhí duì shàngwǎng hěn gǎn xìngqù.

试一试 Shì yi shì Substitute the underlined parts.

1. 你一定是个<u>篮球</u>高手吧?

| 网球(wǎngqiú, tennis); | 足球; | 电脑 |

2. 我也是个<u>篮球</u>迷。

| 影; | 戏(xì, drama); | 京剧 |

3. 除了<u>看球</u>,我还喜欢<u>上网</u>。

踢足球	喜欢打篮球;
苹果	喜欢吃西瓜;
看电影	喜欢看戏
北京	去过上海

4. 我对<u>小说、戏剧</u>都感兴趣。

网球	足球
音乐	文学（wénxué, literature）

5. 我的爱好是<u>听音乐</u>和<u>旅行</u>。

爬山	游泳；
画画	运动（yùndòng, sports）
逛街	上网

 做一做 Zuò yi zuò Fill in the blanks.

1. A：_____？

　 B：我喜欢看电影。_____？

　 A：我也是个____迷。_____看电影,我____喜欢打篮
　　 球。

　 B：打得_____？

　 A：还可以。

2. A：晚上你打算_____？

　 B：_____宿舍_____音乐。

　 A：你经常_____音乐会吗？

　 B：是的。我_____古典（gǔdiǎn, classical）音乐特别
　　 _____兴趣。

　 A：我有两_____明晚音乐会的票,你想去听吗？

　 B：当然。太棒了！

连一连 Lián yi lián

Rearrange the given words into sentences.

1. 什么　　平时　　你　　干　　喜欢
2. 打算　　去　　比赛　周末　大卫　　篮球　看
3. 感兴趣　特别　电影　中国　我　　　对
4. 除了　　还　　喜欢　我　　上网　　爬山
5. 并　　　打　　得　　他　　篮球　　不好

 译一译 Yì yi yì Translate the following sentences.

1. 你有什么爱好？
2. 你喜欢什么运动？
　　—我喜欢游泳和打网球。
3. 我对京剧感兴趣。
4. 我哥哥喜欢踢足球，但踢得并不好。

 听一听, 填一填 Tīng yi tīng, tián yi tián

Listen to the passage and fill in the blanks.

1. 大卫跟丁凡都是_____迷。
2. 丁凡最喜欢_____。
3. 大卫平时最喜欢_____,他是个_____。

魔力汉语

 古诗欣赏 Gǔshī xīnshǎng An ancient Chinese poem

《忆江南》 白居易   《Yì jiāngnán》 Bái Jūyì

江南好，   Jiāngnán hǎo,

风景旧曾谙：   Fēngjǐng jiù céng ān：

日出江花红胜火，   Rì chū jiānghuā hóng shèng huǒ,

春来江水绿如蓝。   Chūn lái jiāngshuǐ lǜ rú lán。

能不忆江南！   Néng bú yì jiāngnán!

124

第十四课 路上小心,旅途愉快!

Dì-shísì kè   Lùshang xiǎoxīn, lǚtú yúkuài!

Lesson Fourteen Take care and have a good trip!

 说一说 Shuō yi shuō Learn the dialogues.

陈 平： 大卫、幸子，"十一"放假七天,你们打算去旅行
　　　　吗?

Chén Píng：Dàwèi、Xìngzǐ, "shíyī" fàngjià qī tiān, nǐmen dǎsuan qù lǚxíng ma?

大 卫： 我们正在商量呢。您觉得哪个城市最有意思?

Dàwèi：　 Wǒmen zhèngzài shāngliang ne. Nín juéde nǎge chéngshì zuì yǒu yìsi?

陈 平： 中国好玩儿的地方太多了,各有各的特点。你们
　　　　去过哪些城市?

Chén Píng：Zhōngguó hǎowánr de dìfang tài duō le, gè yǒu gè de tèdiǎn.
　　　　　　 Nǐmen qùguò nǎxiē chéngshì?

幸 子： 我就去过北京, 对那儿的名胜古迹很感兴趣。

Xìngzǐ：　 Wǒ jiù qùguò Běijīng, duì nàr de míngshèng gǔjì hěn gǎn xìngqù.

陈 平： 那你们去西安吧。西安是著名的古城,名胜古迹
　　　　很多。

Chén Píng：Nà nǐmen qù Xī'ān ba。Xī'ān shì zhùmíng de gǔ chéng。
　　　　　　 Míngshèng gǔjì hěn duō。

大 卫：听说那儿的秦始皇兵马俑很了不起。

Dàwèi： Tīngshuō nàr de Qínshǐhuáng Bīngmǎyǒng hěn liǎobuqǐ.

幸 子：好，我们就去西安！

Xìngzǐ： Hǎo, wǒmen jiù qù Xī'ān!

陈 平：打算什么时候出发？

Chén Píng：Dǎsuan shénme shíhou chūfā?

大 卫：一放假就走。

Dàwèi： Yí fàngjià jiù zǒu.

陈 平：早点儿去订票，"十一"旅行的人很多。

Chén Píng：Zǎo diǎnr qù dìng piào, "shíyī" lǚxíng de rén hěn duō.

大 卫：我明天就去订票。

Dàwèi： Wǒ míngtiān jiù qù dìng piào.

陈 平：路上小心，旅途愉快！

Chén Píng：Lùshang xiǎoxīn, lǚtú yúkuài!

大 卫：谢谢您。

Dàwèi： Xièxie nín.

幸 子：我们会带礼物给您的。

Xìngzǐ： Wǒmen huì dài lǐwù gěi nín de.

丁　凡：这是你们在西安拍的照片儿吗？已经洗出来啦？
Dīng Fán: Zhè shì nǐmen zài Xī'ān pāi de zhàopiānr ma? Yǐjing xǐ chūlai la?

幸　子：是啊！拍得怎么样？
Xìngzǐ:　Shì a! Pāi de zěnmeyàng?

丁　凡：不错。你们拍了这么多啊！
Dīng Fán: Búcuò. Nǐmen pāile zhème duō a!

幸　子：拍了四卷胶卷呢。
Xìngzǐ:　Pāile sì juǎn jiāojuǎn ne。

学一学 Xué yi xué

Learn the following sentence patterns.

1. "十一"放假七天，你们打算去旅行吗？
   "Shíyī" fàngjià qī tiān, nǐmen dǎsuan qù lǚxíng ma?
   There is a one-week holiday for the National Day. Do you have a plan for travelling?

2. 您觉得哪个城市最有意思？
   Nín juéde nǎge chéngshì zuì yǒu yìsi?
   Which city do you think is the most interesting?

3. 一放假就走。
   Yí fàngjià jiù zǒu。
   I'll leave as soon as the holiday begins.

4. 我明天就去订票。
   Wǒ míngtiān jiù qù dìng piào。
   I will make plane ticket reservation tomorrow.

5. 路上小心，旅途愉快！
   Lùshang xiǎoxīn, lǚtú yúkuài!
   Take care and have a good trip!

魔力汉语

 记一记 Jì yi jì Learn the new words and expressions.

放假		fàngjià	have a holiday or vacation
正在	（副）	zhèngzài	in process of
商量	（动）	shāngliang	to consult
城市	（名）	chéngshì	city
有意思	（形）	yǒu yìsi	interesting
好玩儿	（形）	hǎowánr	amusing, interesting
各	（代）	gè	each
特点	（名）	tèdiǎn	characteristics
名胜古迹	（名）	míngshèng gǔjì	the scenic spots and sites of historical interest
著名	（形）	zhùmíng	famous
古城		gǔchéng	ancient city
了不起	（形）	liǎobuqǐ	amazing, terrific, extraordinary
出发	（动）	chūfā	to set out
订	（动）	dìng	to book, to order, to reserve
小心	（形）	xiǎoxīn	careful
旅途	（名）	lǚtú	journey, trip
愉快	（形）	yúkuài	happy
礼物	（名）	lǐwù	gift

 注一注 Zhù yi zhù Notes

1. 我们正在商量呢。

　　副词"正在"表示动作在进行中或状态在持续中。

　　例如：

　　（1）现在正在上课。

　　（2）幸子正在喝可口可乐。

　　（3）我们正在休息呢。

128

2. 一放假就走。

"一 A 就 B" 表示动作或情况 A 出现后紧接着发生动作或情况 B。可以共用一个主语,也可以分属两个主语。

例如:

(1) 你一说我就懂了。

(2) 大卫一来我们就走。

(3) 今天一下课我就去买东西了。

 跟我念 Gēn wǒ niàn Read after me.

fāng	fáng	fǎng	fàng	fàng	放	放假
jiā	jiá	jiǎ	jià	jià	假	
mīng	míng	mǐng	mìng	míng	名	名胜
shēng	shéng	shěng	shèng	shèng	胜	
gū	gú	gǔ	gù	gǔ	古	古迹
jī	jí	jǐ	jì	jì	迹	
lī	lí	lǐ	lì	lǐ	礼	礼物
wū	wú	wǔ	wù	wù	物	
lǔ	lú	lǚ	lù	lǚ	旅	旅途
tū	tú	tǔ	tù	tú	途	
yū	yú	yǔ	yù	yú	愉	愉快
kuāi	kuái	kuǎi	kuài	kuài	快	

名胜古迹

旅行   lǚxíng

去哪儿旅行   qù nǎr lǚxíng

商量去哪儿旅行   shāngliang qù nǎr lǚxíng

正在商量去哪儿旅行 zhèngzài shāngliang qù nǎr lǚxíng

大卫和幸子正在商量去哪儿旅行。

Dàwèi hé Xìngzǐ zhèngzài shāngliang qù nǎr lǚxíng.

订票　　　　　　　　　　　dìng piào

订一张票　　　　　　　　　dìng yì zhāng piào

订一张火车票　　　　　　　dìng yì zhāng huǒchē piào

订一张去上海的火车票　dìng yì zhāng qù Shànghǎi de huǒchē piào

订一张七号去上海的火车票

dìng yì zhāng qī hào qù Shànghǎi de huǒchē piào

了不起　　　　　　　　　　liǎobuqǐ

很了不起　　　　　　　　　hěn liǎobuqǐ

兵马俑很了不起！　　　　　Bīngmǎyǒng hěn liǎobuqǐ!

秦始皇兵马俑很了不起！　　Qínshǐhuáng Bīngmǎyǒng hěn liǎobuqǐ!

西安的秦始皇兵马俑很了不起！

Xī'ān de Qínshǐhuáng Bīngmǎyǒng hěn liǎobuqǐ!

听说西安的秦始皇兵马俑很了不起！

Tīngshuō Xī'ān de Qínshǐhuáng Bīngmǎyǒng hěn liǎobuqǐ!

我们听说西安的秦始皇兵马俑很了不起！

Wǒmen tīngshuō Xī'ān de Qínshǐhuáng Bīngmǎyǒng hěn liǎobuqǐ!

试一试 Shì yi shì Substitute the underlined parts.

1. 我们正在商量呢。

看电视；	聊天；
做饭（zuòfàn, to do cooking）	

2. 您觉得哪个城市最有意思？

哪个菜	好吃；	哪本电影	好看；
什么花	漂亮；	谁	聪明（cōngmíng, clever）

3. 一<u>放假</u>就<u>走</u>。

说	懂；
学	会；
有空	学习；
下飞机	来这儿

4. 我明天就去订<u>票</u>。

飞机票；	房间；	两间单人房；
报（bào, newspaper）；		杂志（zázhì, magazine）

5. <u>听说</u>那儿的秦始皇兵马俑很了不起。

上海的夜景（yèjǐng, night scene）特别美；
幸子已经把照片洗出来了；
大卫汉语已经学了两年了；
陈老师要去旅行了

 做一做 Zuò yi zuò Fill in the blanks.

1. A：今年暑假你打算回国_____在中国旅行？

   B：_____。

   A：去_____旅行？

   B：我想去中国的首都（shǒudū, capital）——_____。

   A：你_____？

   B：不，我和我的两个中国朋友一起去。

   A：那太好了。祝你_____！

2. A：你在中国去过_____？

B：北京和上海。

A：你_____喜欢_____？

B：北京。有_____我还要去。

连一连 Lián yi lián

Rearrange the given words into sentences.

1. 好玩儿　　中国　　地方　　多　　太　　的　　了
2. 名胜古迹　　西安　　很　　有　　多
3. 就　　　订　　去　　我　　票　　明天
4. 坐火车　　到　　要　　北京　　14个小时
5. 会　　　我　　你　　带　　的　　给　　礼物

译一译 Yì yi yì　Translate the following sentences.

1. 我们去西安旅行吧？
2. 你们什么时候出发？
3. 你能给我订一张飞机票吗？
4. 她对名胜古迹很感兴趣。
5. 旅行愉快！

念一念，答一答 Niàn yi niàn, dá yi dá

Read the passage and answer the questions.

幸子的日记：

　　这几天，我跟大卫一直在商量"十一"出去旅行的事儿。中国好玩儿的地方太多了，我们都不知道该去哪儿玩儿了！陈老师建议（jiànyì, to suggest）我们去西安，听说那儿的名胜古迹很多。我想这次西安七日游一定会很开心的！

问题：

1. 谁建议他们去西安玩儿的？
2. 为什么去西安？
3. 幸子和大卫打算旅行多长时间？

 聊一聊 Liáo yi liáo Chat on the following topics.

1. 去旅行的话，要做哪些准备？
2. 谈谈你去过的最好玩的一个地方。
3. 一次旅行见闻。

 你知道吗？ Nǐ zhīdào ma? Do you know?

如果你有学生证，出去旅行的时候别忘了带在身上！在中国很多城市，如北京、西安、上海等，凭学生证买门票可以打折，这样不就帮你节约了很多旅行费用吗？

Remember to take your student card with you when you go traveling, because a student can get a discount for admission to places like scenic spots in big cities such as Beijing, Xi' an and Shanghai. This is a good way to cut down traveling expenses.

第十五课　我会很想念你们的！

Dì-shíwǔ kè　　Wǒ huì hěn xiǎngniàn nǐmen de!

Lesson Fifteen　I will miss you very much!

 说一说 Shuō yi shuō Learn the dialogues.

丁　凡：你在收拾行李啊？要帮忙吗？

Dīng Fán：Nǐ zài shōushi xíngli a? Yào bāngmáng ma?

辛　子：不用了，请坐。

Xìngzǐ：　Búyòng le, qǐng zuò.

丁　凡：要带这么多行李回家啊？

Dīng Fán：Yào dài zhème duō xíngli huíjiā a?

辛　子：来的时候只有两只箱子。在中国买了很多东西，
　　　　大部分是带给家里人和朋友的。

Xìngzǐ：　Lái de shíhou zhǐyǒu liǎng zhī xiāngzi. Zài Zhōngguó mǎile hěn
　　　　duō dōngxi, dà bùfen shì dài gěi jiālirén hé péngyou de.

丁　凡：时间过得真快，真舍不得你走！

Dīng Fán：Shíjiān guò de zhēn kuài, zhēn shěbude nǐ zǒu!

辛　子：我也舍不得离开这儿，舍不得你们啊！

Xìngzǐ：　Wǒ yě shěbude líkāi zhèr, shěbude nǐmen a!

丁 凡：不过，我们以后可以在网上联络，这是我的E-mail地址和QQ号码。你的呢？

Dīng Fán: Búguò, wǒmen yǐhòu kěyǐ zài wǎngshang liánluò, zhè shì wǒ de E-mail dìzhǐ hé QQ hàomǎ。 Nǐ de ne?

幸 子：给，这是我的。有机会到日本来，我陪你去迪斯尼乐园玩儿。

Xìngzǐ: Geǐ, zhè shì wǒ de。 Yǒu jīhuì dào Rìběn lái, wǒ péi nǐ qù Dísīní Lèyuán wánr。

丁 凡：好的，有机会，我一定去。

Dīng Fán: Hǎo de, yǒu jīhuì, wǒ yídìng qù。

大 卫：谢谢你们来机场送我们。

Dàwèi: Xièxie nǐmen lái jīchǎng sòng wǒmen。

幸 子：陈老师，一年来，您教了我很多，回国以后我会继续学习汉语的。

Xìngzǐ: Chén lǎoshī, yì nián lái, nín jiāole wǒ hěn duō, huí guó yǐhòu wǒ huì jìxù xuéxí Hànyǔ de。

陈 平：好，遇到问题可以发E-mail或者打电话给我。

Chén Píng: Hǎo, yùdào wèntí kěyǐ fā E-mail huòzhě dǎ diànhuà gěi wǒ。

小 雨：我会很想念你们的！常给我们写信啊！

Xiǎoyǔ: Wǒ huì hěn xiǎngniàn nǐmen de! Cháng gěi wǒmen xiě xìn a!

丁 凡：飞机就要起飞了，进去吧。欢迎你们再来中国。

Dīng Fán: Fēijī jiù yào qǐfēi le, jìnqu ba。 Huānyíng nǐmen zài lái Zhōngguó。

大卫、幸子：有机会的话，我们一定再来。

Dàwèi、Xìngzǐ: Yǒu jīhuì de huà, wǒmen yídìng zài lái。

陈　平：代我向你们家人问好。
Chén Píng: Dài wǒ xiàng nǐmen jiārén wènhǎo.

小雨、丁凡：一路平安！
Xiǎoyǔ、Dīng Fán: Yílù píng'ān!

大卫、幸子：再见！
Dàwèi、Xìngzǐ:　Zàijiàn!

学一学　Xué yi xué

Learn the following sentence patterns.

1. 你在收拾行李啊？要帮忙吗？
   Nǐ zài shōushi xíngli a? Yào bāngmáng ma?
   Are you packing your baggage? Can I help you?

2. 时间过得真快，真舍不得你走！
   Shíjiān guò de zhēn kuài, zhēn shěbude nǐ zǒu!
   How time flies! I really feel sorry that I have to part with you.

3. 我们以后可以在网上联络。
   Wǒmen yǐhòu kěyǐ zài wǎngshang liánluò.
   We can keep in touch with each other through the Internet later.

4. 我会很想念你们的！
   Wǒ huì hěn xiǎngniàn nǐmen de!
   I will miss you very much!

5. 欢迎你们再来中国。
   Huānyíng nǐmen zài lái Zhōngguó.
   Come to China again.

6. 代我向你们家人问好。
   Dài wǒ xiàng nǐmen jiārén wènhǎo.
   Give my regards to your family.

记一记 Jì yi jì Learn the new words and expressions.

收拾	（动）	shōushi	to pack
行李	（名）	xíngli	baggage, luggage
帮忙	（动）	bāngmáng	to help
不用	（副）	búyòng	need not
箱子	（名）	xiāngzi	box
过	（动）	guò	to pass
舍不得	（动）	shěbude	reluctant to do sth.
离开	（动）	líkāi	to leave
联络	（动）	liánluò	to keep in touch
地址	（名）	dìzhǐ	address
机场	（名）	jīchǎng	airport
教	（动）	jiāo	to teach
继续	（副）	jìxù	continuous
遇到	（动）	yùdào	to meet with
问题	（名）	wèntí	problem
起飞	（动）	qǐfēi	to take off
代	（动）	dài	to replace, in the name of
向	（介）	xiàng	to, towards
问好		wènhǎo	to send one's regards to, say hello to
平安	（形）	píng'ān	safe and sound, in safety

 注一注 Zhù yi zhù Notes

1. 我也舍不得离开这儿,舍不得你们啊!

　　动词"舍不得"是"不忍分离"的意思,可以带名词、动词作宾语。肯定式是"舍得"。

　　例如:

　　(1) 幸子要回国了,我们都舍不得她走。

　　(2) 家里人舍得你走吗?

137

2. 代我向你们家人问好。

动词"代"是"代替"的意思。

例如：

(1) 你代我取一下包裹。

(2) 我代你给家里人打个电话吧！

 跟我念 Gēn wǒ niàn　Read after me.

bāng	báng	bǎng	bàng	bāng	帮 忙	帮忙
māng	máng	mǎng	màng	máng		
liān	lián	liǎn	liàn	lián	联 络	联络
luō	luó	luǒ	luò	luò		
yū	yú	yǔ	yù	yù	遇 到	遇到
dāo	dáo	dǎo	dào	dào		遇到 问题
wēn	wén	wěn	wèn	wèn	问 题	问题
tī	tí	tǐ	tì	tí		
jī	jí	jǐ	jì	jī	机 场	机场
chāng	cháng	chǎng	chàng	chǎng		
jī	jí	jǐ	jì	jì	继 续	继续
xū	xú	xǔ	xù	xù		

玩儿　　　　　　　　　　　　　wánr

去迪斯尼乐园玩儿　　　　　　　qù Dísīní Lèyuán wánr

陪你去迪斯尼乐园玩儿　　　　　péi nǐ qù Dísīní Lèyuán wánr

我陪你去迪斯尼乐园玩儿。　　　Wǒ péi nǐ qù Dísīní Lèyuán wánr.

我一定陪你去迪斯尼乐园玩儿。

Wǒ yídìng péi nǐ qù Dísīní Lèyuán wánr.

联络　　　　　　　　　　　　　liánluò

在网上联络　　　　　　　　　　zài wǎngshang liánluò

可以在网上联络　　　　　　　　kěyǐ zài wǎngshang liánluò

以后可以在网上联络　　　　　　yǐhòu kěyǐ zài wǎngshang liánluò

我们以后可以在网上联络。

Wǒmen yǐhòu kěyǐ zài wǎngshang liánluò.

 试一试　Shì yi shì　Substitute the underlined parts.

1. 飞机就要起飞了。

学校	放假；
我们	出发；
比赛	开始；
电影	结束（jiéshù, to end）

2. 有机会的话，我们一定再来。

明天不下雨	就去迪斯尼乐园玩儿；
有时间	就去旅行；
你去	就去

3. 向你们家人问好。

你父母	问好；
你	道歉（dàoqiàn, to apologize）；
老师	请假

4. 我陪你去迪斯尼乐园玩儿。

去医院看病；
去商店买东西；
去火车站买票

连一连 Lián yi lián

Rearrange the given words into sentences.

1. 问好　我　老师　代　向
2. 再　欢迎　来　明年　我家　你们
3. 给　经常　我　姐姐　写信
4. 你们　送　谢谢　车站　我　来

译一译 Yì yi yì Translate the following sentences.

1. 真舍不得离开你们！我们一定会再见面的！
2. 别忘了一回到家就给我发 E-mail。
3. 你有机会再来的话，一定要给我打电话。
4. 飞机就要起飞了。
5. 代我向你家人问好。

念一念，答一答 Niàn yi niàn, dá yi dá

Read the passage and answer the questions.

幸子的日记：

　　时间过得真块，我在北京大学学习汉语已经一年了。这一年来，我学到了很多东西，并认识了很多中国朋友，丁凡和小雨是我最好的朋友，他们给了我很大帮助，我真舍不得离开他们。以后有机会，我一定会再来中国。

问题：

　　1. 幸子在中国学了多长时间汉语？
　　2. 幸子最好的中国朋友是谁？
　　3. 幸子喜欢中国吗？

 看一看，说一说 Kàn yi kàn, shuō yi shuō
Look at the pictures and talk about them.

1. 教室送别聚会

2. 机场送别

 古诗欣赏 Gǔshī xīnshǎng An ancient Chinese poem

《登鹳鹊楼》 王之涣　　《Dēng Guànquèlóu》 Wáng Zhīhuàn

白日依山尽，　　Báirì yī shān jìn,
黄河入海流。　　Huánghé rù hǎi liú.
欲穷千里目，　　Yù qióng qiān lǐ mù,
更上一层楼。　　Gèng shàng yì céng lóu.

魔力汉语

 你知道吗？ Nǐ zhīdào ma？ Do you know?

你在机场送人时，千万不要说"一路顺风"，因为现在坠机事件很多，要说"一路平安"。

Chinese people don't like others to say "一路顺风" to them when they travel by air, because it is believed that flying with the wind is likely to cause a plane crash. So, if you see a friend off at the airport, be sure to say "一路平安" instead of "一路顺风".

部分练习参考答案及听力文本

第一课

做一做

1. 早上好(您早)
2. 多长时间了
3. 你在这儿生活习惯吗   (她)也习惯   都习惯
4. 你去哪儿   我也去学校

连一连

1. 你来中国多长时间了?
2. 幸子在这儿生活不习惯。
3. 我们都很习惯中国的生活。
4. 他们一起去教室上课。
5. 最近他身体不太好。(他最近身体不太好。)

译一译

1. How long have you been in China?
2. Nearly five months.
3. Where are you going?

念一念,答一答

1. 二月十九号。
2. 她一天上四节课。
3. 是的,她是第一次来中国。

第二课

 选一选,填一填

1. 还
2. 也
3. 认识
4. 多
5. 只

做一做

1. 我姓陈,叫陈平/她是日本人
2. 你多大了/我也很高兴认识你(认识你我也很高兴)
3. 多长时间了/哪里,还差得远呢

连一连

1. 认识你我也很高兴!(我也很高兴认识你!)
2. 老师,请说慢一点儿。(老师,请慢一点儿说。)
3. 大卫是 1982 年生的。
4. 我不是第一次来中国。
5. 你的发音很不错。

译一译

1. What's your surname?
2. What's your full name?
3. Which country are you from?
4. How old are you?
5. Please speak a little slower.
6. I have learned Chinese for half a year.

念一念,答一答

1. 幸子觉得汉语很难。

2. 声调和汉字特别难。

3. 幸子一个星期上五天课,星期六和星期天休息。

第三课

做一做

1. 你找谁/请稍等(请等一下)

2. 是北大吗/叫一下

3. 请问/在吗　　你是哪位

连一连

1. 喂,是陈老师吗?

2. 可以叫一下大卫吗?

3. 你有什么事儿吗?

4. 麻烦你帮我请个假。

5. 请你们稍等一下。

译一译

1. Hello, is that Ding Fan speaking?

   Yes, who's that?

2. Hello! May I speak to Mr. Chen?

   Sorry, he isn't in.

3. Could you tell me your mobile phone number?

4. Please wait a minute.

5. I am ill, so I would like to ask for leave tomorrow.

第四课

连一连

1. 我晚上八点在北京饭店吃晚饭。
   (晚上八点我在北京饭店吃晚饭。)
2. 下星期天上午大卫有约会。(大卫下星期天上午有约会。)
3. 音乐会的票已经卖完了。
4. 改天我们一起看电影。(我们改天一起看电影。)
5. 我学了两个月汉语了。

选一选,填一填

1. 块   2. 本   3. 件   4. 个   5. 张   6. 辆

译一译

1. Are you free tonight?
2. The roses are so beautiful.
3. I bought two movie tickets.
4. I hope you like it.
5. I'll wait for you at the gate of the school.

念一念,答一答

1. 丁凡跟她的女朋友是在网上认识的。
2. 丁凡跟她的女朋友感情很好。

听一听,填一填

nǎli   nénglì   niánlíng   nèilù   lìrú   lǎorén   lìrùn

liánrèn   rǔniú   rùnnián   róunèn   Rìnèi   piàoliang   xīwàng

liàn'ài   jiànmiàn   bújiànbúsàn   Běijīng Fàndiàn   yíjiànzhōngqíng

Dāo yuè mó yuè liàng, nǎozi yuè yòng yuè líng.

Shēng rú xiàhuā zhī cànlàn, sǐ rú qiūyè zhī jìngměi。

第五课

做一做

1. 请问　　怎么走　　往　到　拐　　远吗(远不远)　大约
2. 请问　　坐几路车　要坐几站　　要多长时间

选一选,填一填

1. 往　　2. 离　　3. 还是　　4. 大约

译一译

1. Excuse me, how can I get to the library?

2. Is your home far away from here?

3. The bookstore is very close to my school.

4. How far?

　　About half an hour by bicycle.

5. Go straight. Then turn right at the first crossroad.

6. What do you plan to do this weekend?

听一听,答一答

幸　子:先生,请问去北京音乐厅怎么走?

X 先生:对不起,我也刚来北京。你去问问那位老大爷。

幸　子:老大爷,您知道去北京音乐厅怎么走吗?

老大爷:什么? 机场? 远着呢! 你打的去吧。

幸　子:您听错了,是北京音乐厅。

老大爷:哦! 是听音乐会的地方啊! 从这儿一直往东,到第二个路口往南拐,骑自行
　　　　十分钟就到了。

幸　子:谢谢您了。

老大爷:不客气。

1. C　　　2. D　　　3. B

第六课

做一做

1. 是在这儿吗   对   填   这样可以了吗   不谢(不用谢;不客气)
2. 糟糕   多少钱   怎么办呢   别急(别着急)   银行   我马上就去

连一连

1. 在这儿填写你的电话号码。

2. 我给您取出来。

3. 带上你的身份证去银行。

4. 我们走路或者打的去小雨家。

译一译

1. Excuse me, where can I open a bank account?

2. I would like put one thousand yuan into my account.

3. Do you have any change?

5. Don't worry.

第七课

连一连

1. 寄一封信到日本要多少钱?

2. 大卫给朋友寄了很多明信片。

3. 我马上去邮局寄信。

4. 你手里拿了什么?

选一选,填一填

1. 个   2. 封   3. 张   4. 张   5. 个   6. 张   7. 张   8. 张

译一译

1. I will go to the post office to pick up my parcel immediately.
2. How much is it to send these postcards to Japan?
3. Do you know where I can send the parcel?
   Sorry, I don't know.
4. Don't forget to take the purse with you.

第八课

做一做

1. 您要(想)买(点儿)什么　　还是　　多少钱　　要几块　　来　　40块　　60块
2. 卖吃的　　一个　　给我来
3. 喝什么(什么饮料)　　要几罐　　来

连一连

1. 你们想买点儿什么？
2. 今天热死我了！
3. 我们先打电话再去他家。
4. 哪儿有卖可口可乐的？
5. 我们都想来乌龙茶。

译一译

1. What are you going to buy?
2. How much is this kind of water melon?
3. How many cans of Coca Cole do you want?
4. What do you want to drink? Tea or beer?
5. I'm going to supermarket to buy three bottles of beer and two packs of biscuits.

问一问

1. 他买什么了？

2. 西瓜多少钱一斤?

3. 大卫买了多少苹果?

4. 丁凡去哪儿买啤酒?

第九课

连一连

1. 你们想买一点儿什么?

2. 这种西瓜多少钱一斤?

3. 你穿大号还是中号的?

4. 我试试那条红色的裙子。

5. 这件T恤稍微大了一点儿。

6. 那条裙子挺好看的。

选一选,填一填

| 1. 块 | 2. 双 | 3. 斤 | 4. 件 |
| 5. 块(盒) | 6. 条 | 7. 件 | 8. 条 |

| 1. 已经 还 | 2. 一点儿 | 3. 挺 | 4. 再 | 5. 稍微 |

译一译

1. Hello, are you free? Let's go shopping.

2. I like the blue one.

3. This T-shirt is too small. Do you have a bigger one?

4. It's too expensive. Can you make it a little cheaper?

5. What can I do for you?

   I'd like to have a look at the green dress.

6. May I try it on?

念一念,答一答

1. 小雨觉得蓝色的更适合幸子,因为蓝色的式样更好。

2. 买适合自己的。

第十课

做一做

怎么样	也	好极了	不大	冷吗
特别	比	多	多少度	左右

连一连

1. 今天比昨天冷多了。
2. 你们那儿没有我们这儿冷。(我们这儿没有你们那儿冷。)
3. 我喜欢冬天和夏天。
4. 你多穿一点儿衣服。
5. 我们家乡经常下雪。

译一译

1. What's the weather like today?
2. It rained heavily last night.
3. It's about 10 degrees centigrade below zero.
4. Snow is better than rain. Snow is so beautiful. I like it.
5. It looks like rain. Don't forget to take an umbrella with you.

念一念，答一答

1. 最近北京是秋天。天气好极了,不下雨,没有风。
2. 北京的春天风很大,夏天很热。
3. 我喜欢秋天(春天)。

听一听,答一答

A:外面下雨了,你去图书馆怎么也不带把伞呢?
B:今天早上出门的时候,没听天气预报,谁知道会下雨呢?

A：你借（jiè, to borrow）的那些书怎么样了？

B：你看，都好好的。

A：那是怎么回事？

B：我用外套包（bāo, to wrap）起来了。

1. D   2. C

第十一课

做一做

1. 欢迎光临   吃点儿什么   有   多少   来   再   碗   请稍等   多少钱
2. 清淡   吃   碗   多少钱

连一连

1. 听说中国的饺子很好吃。

2. 我想尝尝你们的特色菜。

3. 你们该换换口味了。

4. 幸子喜欢清淡一点儿的菜。

5. 你们来点儿什么主食？（你们主食来点儿什么？）

问一问

1. 大卫喜欢吃什么？

2. 丁凡要几瓶啤酒？

3. 星期六晚上小雨和谁去北京饭店吃饭？

   星期六晚上小雨和大卫去哪儿吃饭？

译一译

1. Here is the menu.

2. What is your specialty?

3. I want two bottles of beer and a can of Sprite.

4. Do you like spicy food?

5. Come to China again.

6. Can you cook Chinese food?

念一念，答一答

1. 小雨今天和大卫一起吃饭的。

2. 他们今天吃了两菜一汤和两瓶啤酒。

3. 喜欢。

第十二课

连一连

下雨了，天气有点儿冷。

他感冒了，有点儿头疼。

去外文书店有点儿远。

这件衣服有点儿贵。

选一选，填一填

1. 一点儿　　2. 有点儿　　3. 一点儿　　4. 一点儿

5. 有点儿　　6. 一点儿　　7. 有点儿　　8. 一点儿

译一译

1. You look a bit pale. What's wrong with you?

2. Do you have a fever?

    No, I've got a headache and sore throat.

3. Let me take your temperature.

4. Please take the medicine three times a day after meals and drink

    plenty of water.

5. Your illness is not serious. Have a good rest, and you will be fine.

问一问

1. 你哪儿不舒服？
2. 幸子昨天晚上发高烧,(体温)多少度？
3. 这种药怎么吃？

念一念,答一答

1. 大卫今天身体不舒服,一点儿劲儿也没有。
2. 小雨陪大卫去医院的。
3. 大夫说大卫有点儿感冒、发烧,不要紧。
4. 睡了一觉以后,大卫觉得好多了。

问一问

1. 你哪儿不舒服？
2. 幸子(体温)多少度？
3. 这种药怎么吃？

念一念,答一答

1. 大卫今天身体不舒服,一点儿劲儿也没有。
2. 小雨陪大卫去医院的。
3. 大夫说大卫有点儿感冒、发烧,不要紧。
4. 睡了一觉以后,大卫觉得好多了。

第十三课

做一做

1. 你喜欢干什么(你有什么爱好)   你呢   影   除了   还   怎么样(好吗)
2. 干什么   在   听   听   对   感   张

连一连

1. 平时你喜欢干什么？(你平时喜欢干什么？)
2. 周末大卫打算去看篮球比赛。(大卫周末打算去看篮球比赛。)

3. 我对中国电影特别感兴趣。

4. 除了上网我还喜欢爬山。(除了爬山我还喜欢上网。)

5. 他篮球打得并不好。

译一译

1. What's your hobby?

2. What sports do you like?

 —I love swimming and playing tennis.

3. I'm interested in Peking Opera.

4. My elder brother likes playing soccer, but he's not good at it.

听一听,填一填

　　大卫和丁凡是好朋友,他们两个都是篮球迷,都喜欢看NBA。除了看球,丁凡还喜欢上网聊天,是个大网虫。大卫呢?他是个大懒虫,有空儿的话,他一定在房间里睡觉。

　　1. 大卫跟丁凡都是<u>篮球</u>迷。

　　2. 丁凡最喜欢<u>上网聊天</u>。

　　3. 大卫平时最喜欢<u>睡觉</u>,他是个<u>大懒虫</u>。

第十四课

做一做

1. 还是　我打算在中国旅行　哪儿　北京　一个人去吗　旅途愉快

2. 哪些城市　最　哪个城市　机会

连一连

1. 中国好玩儿的地方太多了。

2. 西安有很多名胜古迹。

3. 明天我就去订票。(我明天就去订票。)

4. 坐火车到北京要14个小时。

5. 我会给你带礼物的。(我会带礼物给你的。)

译一译

1. Shall we take a tour to Xi'an?

2. When will you set out?

3. Could you reserve a plane ticket for me?

4. She is very interested in scenic spots and sites of historical interest.

5. Have a good trip!

念一念，答一答

1. 陈老师建议他们去西安玩儿的。

2. 那儿的名胜古迹很多。

3. 幸子和大卫打算旅行七天。

第十五课

连一连

1. 代我向老师问好。

2. 欢迎你们明年再来我家。（欢迎明年你们再来我家。）

3. 我经常给姐姐写信。

4. 谢谢你们来车站送我。

连一连

1. I am sorry that I have to part with you, but we will surely meet again.

2. Don't forget to send E-mail to me as soon as you are back home.

3. Be sure to call me if you get a chance to come again.

4. The plane is going to take off soon.

5. Remember me to your parents.

念一念，答一答

1. 幸子在中国学了一年汉语。

2. 幸子最好的中国朋友是丁凡和小雨。

3. 幸子喜欢中国。

"学一学"、"你知道吗?"
日文翻译

第一课

1. お元気ですか?
2. 中国に来てどれぐらい経ちましたか?
3. ここの生活に慣れましたか?
4. どちらへ行きますか?
5. 教室へ行きます。

中国人が挨拶するときの言い方はあなたの国と同じですか?

英語でよく使う挨拶用語は"Hi!""How are you?""How do you do?"または"Good morning""Good afternoon""Good evening"などがある。
中国語でよく使われる挨拶用語は"您好"である、時間制限なしでいつでも使える。朝は"你（您）早"或いは"早上好"と言い、午後と晩も"下午好""晚上好"ではなく ただ"你好"だけで結構。よく知っている人との間には特別な挨拶用語がある。例えば"御飯すみましたか"、"どこへ行きますか""おでかけですか""退勤ですか"などと言う。これはただ相手に親しみを与え、実際の意味とはあまり関係ない。

第二课

1. おいくつですか?
2. 私は1982年生まれで今年20歳になります。
3. 中国は初めてですか?
4. 知り合えて嬉しいです。（お知り合いになれて嬉しいです。）
5. 中国に来る前に中国語を勉強したことがありますか?

年を尋ねる時に相手の年齢によって聞き方が違ってくる。もし相手が年上で年長者である場合には丁寧な言い方を使う。例えば"您今年多大年纪了""您今年多大岁数了?"

魔力汉语

自分と同じぐらいの年齢だったら"你今年多大了"で結構。もし相手が子ども
だったら"你今年几岁"と聞けばよい。

欧米の人が誉められたときに"Thank you"と答えるが、中国人が誉められた時
に"哪里，哪里""哪里，还差得远呢！"などと答える。

第三课

1. もしもし　三号棟ですか?
2. すみませんが、3105 号室の田中幸子を呼んでいただけますでしょうか?
3. 2310 号室に繋いでください。
4. すみませんが、幸子さんはいらっしゃいますか?
5. 私が　幸子ですが、どちら様ですか?

電話番号と部屋番号にある"1"は"YI"と読まず"YAO"と読みます。覚えて
下さい。

また電話番号を覚える時には　語路合わせて覚える。例えば：71758258（亲一亲
我吧爱我吧)「キスミ　ラヴミ」なかなかいい方法でしょう、やってみてください。

第四课

1. 明日暇ですか?
2. （それでは）一緒にコンサートに行きましょう。
3. 私は（コンサート会場の）入り口でお待ちしています。お互いに会えるまでそ
   こを離れないことにしましょう。
4. すみません、今晩はちょっと都合がつかないので　また今度にしましょう。

ヨーロッパの女性と比べると中国の女性はちょっと慎み深い。男性が女性を誘
うことは難しい。よく知っている人は別にして　女性は簡単に男性の誘いにのらな
い。

中国では　初めてデートする時に通常同性の友達を誘って一緒に行ってもらい、
一緒に行く人は"電灯泡"と言われる。

ヨーロッパでは男性は初めて会う若い女性をきれいだと誉める。誉められる女
性も喜ぶ。でも中国ではそうではない。そうすると誤解が生じる。

第五课

1. ちょっとお伺いしますが　外文書店へはどうやって行きますか?
2. まっすぐ行って　二番目の交差点を左に曲がるとすぐです。
3. 何番バスで行けますか?

4. 何番目の駅で降りますか?

5. タクシーだとどれぐらいかかりますか?

6. ここから遠いですか?

　現在の中国では多くの都市の市バスはワンマンバスである。バスに乗ったらまず料金箱に一元か二元をいれる。おつりは出ないので 小銭を用意して出るように！

第六课

1. すみませんが ここで口座を開けますか?

2. 貯金用紙に記入してください。

3. ここにお名前とパスポートナンバーを記入してください。

4. それから どうしますか?

　中国には主に五つの銀行があります。それは中国銀行、中国工商銀行、中国建設銀行、中国農民銀行と中国交通銀行です。この五つの銀行ならどこでも外貨両替が出来ますし、また自分のクレジットカードを作ることも出来ます。この五つの銀行のクレジットカードはそれぞれ長城カード、牡丹カード、龍カード、金穂カードと太平洋カードという名称があります。クレジットカードを一つ作ると大変便利です。多くの都市では銀行のネットーワークも広がっていますし、大部分の店やスーパーでもカード支払いが可能です。街中にも ATM（現金自動預入支払い機）が沢山ありますので現金の引き出しもとても便利です。これなら旅行の際、多額の現金を持ち歩くことの不安もありません。

第七课

1. 大衛さん なにを持っているのですか?

2. イギリスまで絵葉書はいくらかかりますか?

3. 家族と友達に送りたいのですが。

4. 家族が私に洋服を送ってきました。

5. はやく 郵便局へ取りに行ってください。

第八课

1. 何をお求めですか?

2. りんご一斤（0.5キロ） いくらですか?

3. 十元をお預かりします、2.5元のおつります。

4. 飲み物はどこで売っていますか?

5. ほら あそこに自動販売機があります。

6. コインを入れてから押して下さい。

　　中国では果物と野菜を買う時には重量で計算する。普通の重量単位は"斤"と"キログラム"である。1 斤= 1/2kg

　　現在自動販売機は中国でも普及してきた。家の近く、学校、街にあるかどうかをよく見ておいてください。必要なときにとても便利である。

第九课

1. 大安売りですよ、どうぞ見てください。

2. 何号（サイズ）を着るのですか?

3. すこし大き目ですが S サイズありませんか?

4. これはちょうどいいですが いくらですか?

5. 高すぎます、安くしてください。

　　季節の移り変わり目や 祝祭日には 各国どこでも同じように、たくさんの店がバーゲンセールをする。特に衣類や靴、帽子類など。例えば、8 割りとあれば、8 割引きではなく 2 割引きのことである。場合によっては "一つ買うと一つおまけ" とか "一つ買うと一つタダ" と言う広告も見る。又は あるものを買うと小物を一つもらえる。小さい店の場合にははっきりと割引とは書かれていないが 値段が交渉できる。どこまで値切れるかは自分次第だ。

第十课

1. 天気予報によると今日は曇りで、明日は雨だそうです。

2. 今日はとても寒いです。5 度ぐらいしかないでしょう。

3. 今年は特に寒くて、去年よりずっと寒いです。

4. ここほどは寒くありません。気温は 10 度ぐらいです。

5. 雪は降りますか?

　　中国の気候の特徴は次の通りである：夏は南方も北方も同じぐらいで、とても暑い。南北の冬の温度差がとても大きく、北方がとても寒くて、南方が割りと暖かい。もし冬中国に来る場合、北方へ行くには厚着で行き、南方へ行くには薄着でいくように心がけた方がよい。

第十一课

1. 味換えに外で食べましょう。

2. いらっしゃいませ、お二人さまどうぞこちらへ。

3. この店のお勧め料理はなんですか?

4. 少々お待ちください、（料理を）すぐ 持ちします

5. お嬢さん、勘定をお願いします。

　　中国人は食事の時に箸を使いますが、貴方も使えますか?

　　ヨーロッパではフォークに取ったものを一口で食べるのが習慣だが 中国では何口に分けて食べても大丈夫。ですから中国で食事をする時 特にショウロンバオ（汁の入っている小さい肉饅）などは絶対一口で食べないように。うっかりすると火傷してしまいます。

　　ヨーロッパでは 主が客に"Help Yourself ""Make Yourself at home"と言うが、中国では"慢慢吃（ごゆっくり）""多吃点儿（たくさん召し上がって下さい）"と言います。またお客に料理を分けた、酒を進める。中国人は酒を進めるのが好きですから 酔っ払わないように気をつけてください。

第十二课

1. 顔色がよくないですが どこか調子が悪いのですか?

2. 一晩中エアコンをつけっぱなしだったので 風邪を引いたのかもしれません。

3. 気持ちも悪いし 体もだるいです。

4. 体温を計りましょう。 → 熱があるかどうか 計てみましょう

5. 大丈夫です。ちょっと熱がありますので 注射しましょう。

　　中国では 人がくしゃみをすると 周りから"誰かがあなたを思っている""誰かが噂している"と言われる。場合によっては "誰かが悪口を言っている"とも言われる。ヨーロッパでは"God bless you"と言われる。

第十三课

1. 私は特にバスケットの試合を見るのが好きです。NBA の試合は一回も逃したことがありません。

2. 私もバスケットファンです。

3. （バスケットの）試合の他に 私はインターネットするのも好きです。

4. 幸子さんの趣味は何ですか?

5. 私の趣味は音楽を聴くことと旅行です。

第十四课

1. "十・一"七日間の休みがありますね、どこか旅行へ行きますか?
2. どの都市が一番面白いと思いますか?
3. 休みになったらすぐ行きます。
4. 私が明日 チケットを予約しておきます。
5. 道中ご無事で、愉快な旅行を!

　もし 貴方が学生証を持っているなら 旅行に行く時必ずは持っていって下さい。中国では例えば北京、西安、上海などの都市では 学生証があると学生割引き券が買えますので旅行費用がだいぶ節約できます。

第十五课

1. 荷物を整理しているのですか、お手伝いしましょうか。
2. 時間の経つのは本当に速いもので、貴方とお別れするのが大変名残惜しいです!
3. これからは メールでやりとりしましょう。
4. 皆さんのことを懐かしむと思います。 → 皆んのことは忘れません
5. また中国にいらして下さい。
6. ご家族の皆様によろしくお伝えください。

　空港で見送りするときには絶対に"一路順風"とは言わない。なぜなら最近飛行機墜落事故が多いからです。この場合には"一路平安"と言うので覚えて下さい。

"学一学"、"你知道吗?"
韩文翻译

第一课

1. 당신 요즘 잘 지내십니까?

2. 당신은 중국에 온지 얼마나 되었습니까?

3. 당신은 이곳 생활에 익숙해졌습니까?

4. 당신은 어디 갑니까?

5. 저는 교실에 수업하러 갑니다.

　　(중국어 중에서 가장 자주 사용되는 인사말은 "你好!"이고 어느 때나 사용할수 있다. 아침에 만날 경우에는 자주 "你好!" 혹은 "早上好!" 라고 한다. 오후에 만날 경우에는 "下午好!" "晚上好!" 라고 하지 않고 그냥 "你好!"라고 한다. 한국과 마찬가지로 서로 안면이 있을 경우에는 독특한 형식의 인사말과 방식이 있다. 예를 들어, "你吃了吗?"(밥 먹었어요?), "你去哪儿?" (어디 가세요?), "下班了?"(퇴근하세요?) 등이다.

第二课

1. 당신은 몇 살입니까?

2. 저는 1982년에 태어났고, 올해 20살 입니다.

3. 당신은 중국에 처음으로 온 겁니까?

4. 당신을 알게 되어서 정말로 기쁩니다.

5. 당신은 중국에 오기전에 중국어를 배운적이 있습니까?

　　(중국어에는 상대방의 나이를 물어 볼 경우에 세가지 방식이 있다. 예를 들어 하나, 상대방의 나이가 자신보다 많을 경우에는 비교적 예의를 차려서 "您今年多大年纪了?" "今年多大岁数了?"(당신은 올해 연세가 어떻게 되십니까?) 둘, 상대방의 나이가 자신과 비슷할 경우에는 "你今年多大了?"(당신은 올해 나이가 어떻게 됩니까?) 셋, 상대방이 어린아이일 경우에는 "你今年几岁了?"(너는 올해 몇 살이야?) 중국사람들은 칭찬을 받았을 경우에는 바로 겸손하게 "哪里, 哪里!"(별 말씀을요) 또는 "哪里, 还差得远呢!"(별 말씀을요, 아직 한참 멀었죠!) 라고 대답한다.

魔力汉语

第三课

1. 여보세요, 말씀좀 여쭤보겠는데, 3 동 맞습니까?

2. 죄송한데, 3105 호실에 전중행자씨 좀 불러주시겠습니까?

3. 2310 호실 좀 연결해 주시겠습니까?

4. 말씀좀 여쭤보겠는데, 행자 있습니까?

5. 제가 바로 행자인데요, 당신은 누구시죠?

(중국 사람들은 전화번호와 방 번호숫자 중에서 "1"을 읽을때 yi 라고 읽지 않고, yao 라고 읽는다. 그리고 전화번호를 잘 기억할 수 있는 방법이 있는데 한국에서의 이삿짐 전문센터의 가장 유행하는 전화번호는 바로 "뭐뭐뭐에–이사이사(2424)"인 것처럼 기억하는 방법이다. 연애하는 사이일 경우에는 "71758258(亲一亲我吧爱我吧)"이런 전화번호 정말 유용하겠죠. 뜻은 "저에게 뽀뽀해주세요, 사랑해주세요". 한번 직접 써 사용해 보세요.)

第四课

1. 당신은 내일 시간이 있으세요?

2. 우리 같이 음악회 보러 가죠.

3. 제가 음악당 입구에서 당신을 기다릴께요, 꼭 만나요.

4. 죄송합니다, 오늘 저녁은 안 되겠는데요, 날짜를 바꾸죠.

서양 여자아이들과 비교하자면 중국 여자아이들은 남자아이들을 만나는데 있어서 스스로 억제하고 조심한다. 그래서 친한 친구가 아닐 경우에는 남자 입장에서 여자아이와 약속을 해서 만나는 일은 비교적 어려운 일이다. 중국인 남녀가 처음 만날 때에는 단둘이 만나지 않고 자주 자신들의 친구 한명씩을 불러서 같이 만나곤 하는데 그런 친구들을 일반적으로 "电灯泡" (아무 이유없이 친구를 따라가서 자리를 빛내는 사람) 이라고 말한다. 그리고 한가지 더 알아 두어야 할 사항은 중국에서는 처음 만난 여자에게 바로 "아름답다, 예쁘다" 라고 말할 수 없다. 만약에 그렇지않고 "예쁘다, 아름답다" 라고 여자에게 말하면 불필요한 오해를 일으킬수도 있다! (예를 들어 남자가 자기를 놀리는 것은 아닌지? 아님 자기에게 흑심을 품고 있는 것은 아닌지 하는 오해 말이겠죠!)

164

第五课

1. 말씀 좀 여쭤보겠는데, 외문서점을 어떻게 갑니까?
2. 앞으로 계속 걸어가다가, 두번째 교차로에서 왼쪽으로 돌아가세요.
3. 몇번 버스를 탈수 있습니까?
4. 몇 정거장을 가야 합니까?
5. 택시를 타고 가면 시간이 얼마나 걸립니까?
6. 여기에서 멉니까?

　　(현재 중국의 많은 도시들의 시내버스는 표를 받는 승무원이 없는 버스들이 대부분이다. 차에 오르면 바로 버스요금통에 버스요금 1 원 또는 2 원을 내면 된다. 버스 요금의 차이는 승차거리, 에어컨의 유무, 기타요인 등에 달려 있다. 그리고 꼭 기억해야 할 것은 중국은 한국처럼 거스름돈을 거슬러 주질 않는다. 그래서 반드시 외출 할때에는 잔돈을 준비해야 한다
**표를 받는 승무원이 있는 버스란?
　　옛날 한국처럼 차 안에 여자승무원이 있어 차에 오르면 먼저 여자승무원에게 자신의 목적지를 말하고 돈을 지불하면 표를 끊어주는 버스를 말한다.)

第六课

1. 말씀좀 여쭤보겠는데, 여기에서 통장 구좌를 개설할수 있습니까?
2. 예금 명세서를 작성하여 주십시오.
3. 이곳에 당신의 서명과 여권 번호를 기입하여 주십시오.
4. 지금 어떻게 해야 합니까?

　　중국의 주요 5 대은행에는 중국은행. 중국공상은행. 중국건설은행. 중국농민은행. 중국교통은행이 있습니다. 각 은행에서는 환전을 할수 있고 개인신용카드를 발행해 줍니다. 위의 5 대은행의 신용카드는 장성카드. 목단카드. 용카드. 금수카드. 태평양카드로 나누어집니다. 카드가 있으면 매우 편리하며 많은 도시간의 은행들이 모두 연결되어 있고 큰 상점과 슈퍼마켓에서도 신용카드로 물건을 구매할수 있습니다. 도시거리에는 또한 자동현금인출기가 많아서 현금인출시 편리합니다. 이처럼 여러분이 중국에서 여행할 때 많은 현금을 가지고 다녀야 하는 불편함이 없습니다.

第七课

1. 데이비드, 손에 쥐고 있는게 뭐야?

2. 우편엽서 한장을 영국으로 부치는데 얼마입니까?

3. 저는 가족들과 친구들에게 부치고 싶습니다.

4. 집에서 저에게 옷 몇벌을 부쳐주었습니다.

5. 빨리 우체국 가서 물건을 찾자.

第八课

1. 당신은 무엇을 사려고 합니까?

2. 사과 한 근에 얼마입니까?

3. 10 원 받았습니다. 2 원 5 전 거슬러 드리겠습니다.

4. 어디에서 음료수를 팝니까?

5. 보세요, 저기에 자동 판매기가 있어요!

6. 먼저 동전을 투입하고 다시 누르세요.

　　(중국에서는 과일, 채소 등을 살때에는 중량을 기준으로 해서 판다. 자주 사용되는 중량 단위는 "근"과 "kg" 이다 (1 근 = 1/2kg). 그리고 현재 중국에서도 자동 판매기는 갈수록 보급되고 있어서 언제 어디서나 편하게 이용할수 있다.)

第九课

1. 환절기 세일입니다. 마음대로 둘러 보세요!

2. 당신은 몇 치수를 입으십니까?

3. 약간 큰것 같은데, 작은 치수 있습니까?

4. 이 옷이 어울리는데 얼마입니까?

5. 너무 비싼데요, 조금 싸게 해주세요.

　　(중국도 다른 나라와 같이 매 계절이 바뀔때나 특별한 절기가 되면 많은 상점들은 물건 가격을 싸게 판매한다. 예를 들어 "打八折"라고 하면 원래 가격의 80%만을 받고 판다는 의미이다. 그러니까 20%할인인 셈이다. 그리고 어떤 상점에서는 "买一送一" "买一赠一"라는 문구가 붙어 있는데 바로 "하나를 사면 하나는 공짜"라는 의미이다. 물론 이런 문구가 없는 상점도 있지만 자신의 능력에 따라서 얼마든지 가격을 흥정할 수 있다.)

第十课

1. 기상 예보에 따르면 오늘은 흐린 날씨고, 내일 비가 온데요.
2. 오늘 날씨가 정말 추운데, 대략 영상 5 도쯤 될 것 같아요.
3. 올해 정말로 추운데요, 작년보다 더 많이 추운것 같아요.
4. 여기만큼 춥지 않아요, 기온이 대략 영상 10 도 정도에요.
5. 눈이 내립니까?

(중국날씨의 가장 큰 특색은 여름에는 남방과 북방의 기온이 거의 비슷하다. 하지만 다른점은 남방은 무덥고 습기가 많은 방면, 북방은 건조하면서 덥다. 겨울철의 날씨는 남방은 비교적 더운 방면에 북방은 매우 춥다. 만약에 겨울철, 중국에 올때 북방으로 간다면 옷을 두껍게 많이 입어야 하고 남방으로 간다면 적게 입어야 할 것이다.)

第十一课

1. 입맛을 바꿔야 겠어요, 우리 나가서 사먹는게 어때요?
2. 어서 오세요, 두 분 이쪽으로 앉으십시오.
3. 이곳에는 무슨 특별요리가 있습니까?
4. 조금만 기다려주십시요, 요리 바로 가져가 드리겠습니다.
5. 아가씨, 계산해 주세요.

(서양사람들은 음식물을 포크에 찍어서 한 입에 다 먹지만 중국사람들은 꼭 그렇지는 않고 천천히 몇 입만에 먹는다. 그렇기 때문에 중국에서 밥을 먹을 때, 특히 "小龙包"(작은 고기 만두) 같은 매우 뜨거운 음식을 먹을때에는 혀를 데지 않도록 각별히 주의해야 한다. 또한 중국사람들은 친구를 식사 초대할때, 자신이 직접 음식을 건네 주기도 하고 술을 권하기도 하면서 "慢慢吃"(천천히 드세요) "多吃点儿"(많이 더 드세요) 라고 말한다.

第十二课

1. 당신 얼굴색이 좋지 않는데 어디 불편하세요?
2. 저녁내내 에어컨을 켜놓았는데, 감기에 걸렸나봐요.
3. 온 몸이 불편해요, 힘이 조금도 없는거 같아요.
4. 체온을 한 번 재보죠.
5. 괜찮습니다, 열이 조금 있으니까 주사 두 대 놓아 드릴께요.

(중국에서는 자기 주위에 있는 사람이 재채기를 할 경우 바로 이렇게 말하죠. "有人在想你"(누가 당신 생각을 하나봐요) "有人在说你"(누가 당신 이

야기를 하나봐요) 그리고 조금 농담섞인말로 "有人在骂你"(누가 당신욕을 하나봐요). 우리 나라와 많이 비슷하지 않나요.

第十三课

1. 저는 특별히 농구시합 보는 것을 좋아하고, NBA 매 경기는 모두 놓치지 않는답니다.
2. 저 역시 농구팬입니다.
3. 저는 축구 보는것 이외에도, 인터넷 하는걸 좋아합니다.
4. 행자야, 너는 평소에 무얼 하는걸 좋아하니?
5. 내 취미는 음악 듣기와 여행가는 거야.

第十四课

1. "국경일" 휴가가 7 일인데, 너희들 여행갈 계획이야?
2. 당신 생각에는 어느 도시가 제일 재미 있을것 같습니까?
3. 방학 시작 하자마자 바로 갈꺼야.
4. 나는 내일 가서 바로 표를 예약할꺼야.
5. 가는길 조심하고, 여행 즐겁길 바래!

   (중국에서 여행을 갈때에는 학생증을 가지고 다니는 것을 잊지 말아야 한다. 북경, 서안, 상해 등 기타 도시에서는 학생증이 있으면 표값에 할인 혜택이 있다. 하지만 모든 도시가 다 해당되는것은 아니다.)

第十五课

1. 당신 여행짐을 정리하고 있군요? 도와 드릴까요?
2. 시간이 흐르는게 정말 빨라요, 당신 가는게 정말 섭섭한데요!
3. 우리들은 이후에 이메일로 연락할수 있어요.
4. 저는 당신들이 매우 보고 싶을꺼에요.
5. 당신들 다시 중국에 오는 것을 환영합니다.
6. 저를 대신해서 당신들 식구들에게 안부인사 부탁드립니다.

   (중국에서는 공항에서 사람을 배웅 할때에는 절대로 "一路顺风"(가는길이 배에 돛을 달아 순풍을 만난 것처럼 순탄하길.) 이라고 말하지 않고 "一路平安"(가시는 길 내내 평안하시기를.) 이라고 말해야 한다. 그 이유는 현재 비행기 추락사고가 많이 발생하는데 비행기가 바람의 영향 을 받으면 어떻게 되겠어요?)

词汇总表

（配日韩文翻译）

A

| 按 | （动） | àn | 8 | （手や指で）押す、押さえる |
| | | | | （손가락이나 손으로 ）누르다. |

B

把	（量）	bǎ	10	（量詞）柄や取っ手のついている
				器物を数える。
				（양사）자루가 있는 기구를 세는 단위

| 白色 | （名） | báisè | 9 | 白色 |
| | | | | 흰색 |

| 摆 | （动） | bǎi | 7 | 並べる、陳列する |
| | | | | 배열하다. 펼쳐놓다. |

| 办 | （动） | bàn | 6 | する、やる |
| | | | | （일따위를）처리하다.다루다. |

| 帮 | （动） | bāng | 3 | 助ける、手伝う |
| | | | | 도와주다. 거들어 주다. |

| 帮忙 | （动） | bāngmáng | 15 | 手伝う |
| | | | | 일 (손) 을 돕다. 일을 거들어 주다. |

| 包裹单 | （名） | bāoguǒdān | 7 | 小包の受け取り票 |
| | | | | 소포 명세서 |

| 包子 | （名） | baozi | 7 | 饅頭（中華）まんじゅう |
| | | | | 만두 (찜 빵) |

| 包 | （动） | bao | 10 | 包む |
| | | | | （종이나 천 따위로）싸매다. 포장하다. |

| 报 | （名） | bào | 14 | 新聞 |
| | | | | 신문 |

魔力汉语

北	（名）	běi	5	北 북쪽
彼此	（代）	bǐcǐ	4	お互いに 피차. 너로
比赛	（名）	bǐsài	13	試合 시합
并	（副）	bìng	13	決して、別に 결코, 조금도, 그다지.
补办		bǔbàn	6	再発給 재발급
不客气		búkèqi	3	遠慮しない。どういたしまして。 천만에요.원 별말씀을요.
不要紧		búyàojǐn	12	大丈夫だ。差し支えない。 괜찮다. 문제없다.
不用	（副）	búyòng	15	…する必要がない… 할 필요없다.

C

差	（形）	chà	2	まずい、悪い、たりない 다르다. 차이가난다. (부족하다)
尝	（动）	cháng	9	味わう、賞味する 맛보다. 먹어보다.
常	（副）	cháng	10	いつも、常に 자주, 종종, 항상
场	（量）	chǎng	13	助数詞（回） (양사) 경기의 횟수를 셀때(한차례 경기)
炒饭	（名）	chǎofàn	11	チャーハン、焼き飯 볶음밥
超市	（名）	chāoshì	5	スーパー 슈퍼마켓
称	（动）	chēng	8	量る 무게를 달다.

城市	（名）	chéngshì	14	都市、街 도시
抽烟		chōuyān	6	たばこを吸う、喫煙する 담배를 피우다.
出发	（动）	chūfā	14	出発する 출발하다.
出门	（动）	chūmén	10	出かける 외출하다.
除了	（介）	chúle	13	…を除いて…の他に… 을 제외하고
储蓄卡	（名）	chúxùkǎ	6	貯金カード 현금카드
穿	（动）	chuān	9	（靴などを）履く、（洋服を）着る （옷을）입다.（양말,신발등을）신다.
聪明	（形）	cōngming	14	賢い、聡明だ 영리하다. 총명하다.
存款单	（名）	cúnkuǎndān	6	預金伝票 입금증서
错	（形）	cuò	6	間違っている 틀리다. 맞지 않다.
错过	（动）	cuòguò	13	（機会を）失う （기회를）놓치다.

D

大号	（名）	dàhào	9	Lサイズ 큰사이즈(치수)
大夫	（名）	dàifu	12	医者 의사선생님
大约	（副）	dàyuē	5	大体、およそ 대략, 아마, 대강
代	（动）	dài	15	替る、代行する 대신하다. 대리하다.

带	（动）	dài	6	持っていく
				(몸에) 지니다. 휴대하다.
道歉	（动）	dàoqiàn	15	謝る、詫びる
				미안하다. 사과하다.
担心	（动）	dānxīn	6	心配する、気になる
				걱정하다. 근심하다.
等	（动）	děng	3	待つ
				기다리다.
地铁站	（名）	dìtiězhàn	6	地下鉄駅
				지하철역
第一次		dìyīcì	1	初めて、一回目
				첫번째
地址	（名）	dìzhǐ	15	住所
				주소
电视机	（名）	diànshìjī	6	テレビ
				텔레비젼
订	（动）	dìng	14	予約する
				예약하다. 주문하다.
丢	（动）	diū	6	紛失する、失う
				잃다. 잃어버리다.
东	（名）	dōng	5	東
				동쪽
懂	（动）	dǒng	2	分かる、理解する
				알다. 이해하다.
读	（动）	dú	3	読む
				읽다
对	（介）	duì	13	…に対する…
				에 대하여, …에 관해서
对面	（名）	duìmiàn		正面
				정면
多长		duōcháng	1	どれぐらい
				얼마나, 얼만큼 (길이에 대해)

F

发音	（名）	fāyīn	2	発音 발음
房间	（名）	fángjiān	3	部屋 방
放	（动）	fàng	8	置く、放す (집어) 넣다. (방학을) 하다.
放假		fàngjià	5	休みになる、休暇 휴가로 쉬다. 방학하다.
风景	（名）	fēngjǐng	2	景色、風景 풍경, 경치

G

改天		gǎitiān	2	日を改める、別の日に 날짜를 바꾸다.
感情	（名）	gǎnqíng	4	感情 감정
感兴趣		gǎnxìngqù	13	興味を持つ 흥미가 있다. 재미가 있다.
高手	（名）	gāoshǒu	13	達人、名手 고수, 명수
个子	（名）	gèzi	13	背 (사람의) 키, 체격
各	（代）	gè	14	各 각자, 각기, 각각
公司	（名）	gōngsī	5	会社 회사
工作	（动）	gōngzuò	5	仕事をする 일하다
古城		gǔchéng	14	古都 고성, 오래된 성

刮风		guāfēng	10	風が吹く 바람이 불다.
罐	（量）	guàn	2	（助数詞）缶 （양사）캔을 세는 단위
贵	（形）	guì	2	高い 비싸다.
过	（动）	guò	15	通る、経過する 지나다. 경과하다.
过	（助）	guò	2	勝っている意味（経験を表わす）…した ことがある （과거의 경험이나, 동작의 완료를 나 타냄)…을 한적이 있다.

H

还	（副）	hái	13	なお、その上、やはり 또, 더, …뿐만아니라
还	（副）	hái	2	まだ、やはり 아직도,여전히
还是	（副）	háishì	5	依然として。やはり… 하는 편이 (더) 좋다.
汉字	（名）	hànzì	2	漢字 한자
好玩儿	（形）	hǎowánr	14	面白い 재미가 있다. 놀만 하다.
好像	（动）	hǎoxiàng	10	まるで…のようだ 마치…과 같다. 비슷하다.
号	（名）	hào	9	号 (등급의 표시), 사이즈
合身	（形）	héshēn	9	体にぴったりする 몸에 맞다. 몸에 적합하다.
黑色	（名）	hēisè	9	黒色 검은색
红色	（名）	hóngsè	9	赤色 빨강색

坏	（形）	huài	8	悪い、壊れる (…하여 죽겠다) 형용사나 동사뒤에 붙어 정도의 상태를 나타냄) 나쁘다.
画儿	（名）	huàr	6	絵 그림
换季		huànjì	9	季節の変化に応じて着替えをすること、 衣替えをする (계절이 바뀜에 따라) 옷을 바꿔 입 는 것.
蓝色	（名）	huángsè	9	きいろ 황색
或者	（连）	huòzhě	6	また、或いは… 이 아니면 …이다.

J

机场	（名）	jīchǎng	15	空港 공항
机器	（名）	jīqì	8	機械 기기, 기계
继续	（副）	jìxù	15	続けて 계속해서, 연이어서
寄	（动）	jì	7	送る、郵送する (우편으로) 부치다. 보내다.
季节	（名）	jìjié	10	季節 계절.
加	（动）	jiā	10	加える、増す 더하다. 보태다.
家里人	（名）	jiālirén	12	家族 가족, 집안 사람들
家乡	（名）	jiāxiāng	12	郷里、ふるさと 고향.
件	（量）	jiàn	12	(助数詞) 枚 (양사) 일, 사건, 의복을 셀때 쓰임

见面会	（名）	jiànmiànhuì	4	面会 미팅
建议	（名）	jiànyì	14	提案 건의
教	（动）	jiào	15	教える 가르치다. 교육하다.
教室	（名）	jiàoshì	12	教室 교실
接	（动）	jiē	12	繋ぐ、まわす 받다. 접수하다.
节	（量）	jié	1	（授業の助数詞）コマ、時間 （양사）수업을 말할때 쓰임
结束	（动）	jiéshù	15	結束する、終わる 마치다. 끝내다.
借	（动）	jiè	12	借りる 빌리다. 꾸다.
今年	（名）	jīnnián	12	今年 금년. 올해
斤	（量）	jīn	12	斤（0.5キロ） （양사）근. (중량을 나타낼때 쓰임)
尽力		jìnlì	12	全力を尽くす 최선을 다하다. 힘을 다하다.
紧张	（形）	jǐnzhāng	12	緊張する 긴장하다.
景色	（名）	jǐngsè	12	景色 풍경. 경치
酒	（名）	jiǔ	12	酒 술
旧	（形）	jiù	12	古い 과거의, 오래된.
觉得	（动）	juéde	12	…と思う…と感じる …라고 느끼다 (생각하다).

K

开	（动）	kāi	6	開く (통장을)개설하다.
开药		kāiyào	12	薬を出す 약을 처방해주다.
开始		kāishǐ	1	開始する、始まる 시작하다.
可惜	（形）	kěxī	10	惜しい、残念だ 섭섭하다. 아쉽다.
可以	（动）	kěyi	5	…ができる、可能だ …할수 있다. …해도 된다.
渴	（形）	kě	1	渴く 목이 마르다. 갈증나다.
空调	（名）	kōngtiáo	12	エアコン 에어컨
空儿	（形）	kòngr	4	暇 틈, 짬, 시간
口味	（名）	kǒuwèi	11	味、（食べ物に対する）好み 구미,식욕,맛
快	（副）	kuài	1	もうすぐ、直に 곧(멀지 않아)…하다.

L

啦	（助）	la	7	(助詞) 感嘆または阻止の意を表 동작이나 행위가 이미 완료되었을 때 바뀌지 않은 지속의 느낌을 나타냄
来	（动）	lái	1	来る 오다.
篮球	（名）	lánqiú	13	バスケットボール 농구
蓝色	（名）	lánsè	9	青色 남빛, 남색

老师	（名）	lǎoshī	1	先生
				선생님
累	（形）	lèi	1	疲れる
				피곤하다. 힘들다.
离	（介）	lí	5	…から…まで
				…에서, …로부터.
离开	（动）	líkāi	15	離れる、分かれる
				헤어지다. 떠나다.
礼物	（名）	lǐwù	14	お土産、プレゼント
				선물
里	（名）	lǐ	7	中 内部
				안, 속, 내부
联络	（动）	liánluò	15	連絡する
				연락하다.
恋爱	（动）	liàn'ài	4	恋する
				연애하다
练习	（名）	liànxí	9	練習
				연습, 훈련
量	（动）	liáng	12	量る
				(기온,체온) 을 재다.
凉快	（形）	liángkuai	10	涼しい
				상쾌하다. 시원하다.
了不起	（形）	liǎobuqǐ	14	たいしたものだ
				대단하다. 놀랍다.
淋雨		línyǔ	12	雨に降られる
				비에 젖다
喽	（助）	lou	9	相手の注意を促す語気を含む
				주위를 환기시키는 말투로 아주 가벼운 기분을 나타냄
路人	（名）	lùrén	5	道行く人
				행인.
录音		lùyīn	2	録音
				녹음

| 旅途 | （名） | lǚtú | 14 | 旅先 |
| | | | | 여행도중,여정 |

| 旅行 | （动） | lǚxíng | 13 | 旅行する |
| | | | | 여행하다. |

| 绿色 | （名） | lǜsè | 9 | みどり |
| | | | | 녹색 |

M

| 麻烦 | （动） | máfan | 3 | 面倒をかける |
| | | | | 부담을 주다. 성가시게 하다. |

| 马上 | （副） | mǎshàng | 6 | すぐ、直に |
| | | | | 바로, 즉시 |

| 卖 | （动） | mài | 4 | 売る、セール |
| | | | | 팔다. |

| 慢 | （形） | màn | 2 | ゆっくり、遅い |
| | | | | 느리다. 천천히 하다. |

| 每天 | | měitiān | 1 | 毎日 |
| | | | | 매일 |

| 没关系 | | méiguānxi | 10 | 大丈夫、かまわない |
| | | | | 상관없다. 괜찮다. |

| 玫瑰花 | （名） | méiguihuā | 4 | バラ |
| | | | | 장미 |

| 美 | （形） | měi | 5 | 美しい |
| | | | | 아름답다. 예쁘다. |

| 门口 | （名） | ménkǒu | 5 | 入り口、ゲート |
| | | | | 입구,현관 |

| 米 | （名） | mǐ | 5 | メートル |
| | | | | 미터(meter) |

| 密码 | （名） | mìmǎ | 6 | 暗誦番号 |
| | | | | 비밀번호. |

| 名牌 | （名） | míngpái | | メーカー品、ブランド品 |
| | | | | 브랜드 |

| 名胜古迹 | （名） | míngshènggǔjì | 14 | 名所旧跡
명승고적 |
| 明信片 | （名） | míngxìnpiàn | 7 | 絵葉書
（우편）엽서 |

N

拿	（动）	ná	4	取る (손으로) 쥐다. 가지다.
哪	（代）	nǎ	3	どこ、どれ 어느 (분), 어떤, 어디.
奶奶	（名）	nǎinai	2	おばあさん、おばあ 할머니.
哪儿	（代）	nǎr	1	どこ 어디, 어느곳
难	（形）	nán	2	難しい 어렵다. 힘들다.
南	（名）	nán	5	南 남쪽.
腻	（形）	nì	11	脂っこい、しつこい 물리다. 질리다.
暖和	（形）	nuǎnhuo	10	暖かい 따뜻하다. 온화하다.

P

怕	（动）	pà	12	恐れる、気にする、心配する 무서워하다. 두려워하다.
胖	（形）	pàng	10	肥る 뚱뚱하다. 살찌다
片	（量）	piàn	12	(薬に使う助数詞) 錠 (양사) 얇고 작은 사물을 세는 단위 (조각).
平安	（形）	píng'ān	15	平安である、無事である 평안하다. 무사하다.

平时	（名）	píngshí	13 普段 平素 通常
			평소, 보통때
瓶	（量）	píng	8 ボトル
			(양사) 병을 세는 단위

Q

起飞	（动）	qǐfēi	15 離陸する
			이륙하다. (비행기가) 뜨다.
气温	（名）	qiánbáo	10 気温
			기온. 온도
钱包	（名）	qìwēn	6 財布
			지갑
瞧	（动）	qiáo	8 見る
			바라보다. 보다.
巧克力	（名）	qiǎokèlì	7 チョコレート
			쵸코렛
清淡	（形）	qīngdàn	11 あっさりする
			(맛이) 담백하다. 산뜻하다.
请假	（动）	qǐngjià	13 休暇をもらう、休みをとる
			휴가를 신청하다.
请客	（动）	qǐngkè	11 客を招待する、おごる、ごちそうする
			한턱내다. (사다)
球迷	（名）	qiúmí	13 球技ファン
			(야구, 축구등의) 광,팬
取	（动）	qǔ	6 取る
			빼어내다. 찾다.
取款单	（名）	qǔkuǎndān	6 出金伝票
			현금인출명세서

S

| 伞 | （名） | sǎn | 10 かさ |
| | | | 우산 |

商量	（动）	shāngliang	14	相談する
				상의하다. 의논하다.
稍	（副）	shāo	3	ちょっと
				조금, 약간
舍不得	（动）	shěbude	15	…しがたい、惜しむ
				(헤어지기)아쉽다. 섭섭하다.
身份证	（名）	shēnfènzhèng	6	身分証明書
				신분증.
生	（动）	shēng	2	生む、生まれる
				태어나다. 출생하다.
生活	（动）	shēnghuó	1	生活する
				생활하다.
声调	（名）	shēngdiào	2	共通語の四声の調子
				성조
十字路口	（名）	shízìlùkǒu	5	十字路
				교차로
式样	（名）	shìyàng	9	サンプル
				샘플
收拾	（动）	shōushi	15	片づける、整理する
				정리하다. 꾸리다.
首都	（名）	shǒudū	14	首都
				수도
售货机	（名）	shòuhuòjī	8	販売機
				판매기.
输	（动）	shū	6	入力する、入れる
				입력하다.
水果	（名）	shuǐguǒ	9	果物
				과일
说	（动）	shuō	2	言う、話す
				말하다. 이야기하다.
送	（动）	sòng	4	送る
				주다. 선물하다.

宿舍	（名）	sùshè	3	宿舎、寮 기숙사.
酸	（形）	suān	11	すっぱい 시다
岁	（名）	suì	2	（年齢）歳 나이

T

太	（副）	tài	1	あまりにも 매우, 정말
特别	（副）	tèbié	10	特別に、特に 특별히, 유달리, 아주
特点	（名）	tèdiǎn	14	特徴 특징, 특색, 특성
特色	（名）	tèsè	11	特色 특색, 특징
T恤	（名）	tīxù	9	Tシャツ T 셔츠
填	（动）	tián	6	埋める、書き入れる 기입하다. 쓰다.
甜	（形）	tián	11	甘い 달다
听	（动）	tīng	2	聞く 듣다.
挺	（副）	tǐng	9	とても 아주, 매우
头疼		tóuténg	12	頭が痛い、頭痛する 머리가 아프다.

W

| 外套 | （名） | wàitào | 10 | オーバー、ジャケット
외투, 오버코트 |

碗	（量）	wǎn	11	（碗の助数詞）碗
				（양사）그릇, 공기, 사발 등을 세는 단위
忘	（动）	wàng	7	忘れる
				잊어버리다. 잊다.
网球	（名）	wǎngqiú	13	テニス
				테니스
位	（量）	wèi	3	（人に使う助数詞）人
				（양사）분, 명
文学	（名）	wénxué	12	文学
				문학
问好		wènhǎo	15	挨拶する
				안부를 묻다（전하다）
问题	（名）	wèntí	15	問題
				문제

X

西	（名）	xī	5	西
				서쪽
习惯	（动）	xíguàn	1	慣れる
				습관이 되다. 익숙해지다.
洗	（动）	xǐ	8	洗う
				씻다.
戏剧	（名）	xìjù	13	劇
				연극
戏	（名）	xì	13	劇
				연극.
下雪		xiàxuě	10	雪が降る
				눈이 내리다.
下雨		xiàyǔ	10	雨が降る
				비가 내리다.
先	（副）	xiān	8	先に、先ず
				먼저, 우선

羡慕	（动）	xiànmù	4	うらやましがる
				부러워하다
箱子	（名）	xiāngzi	15	トランク、スーツケース
				상자, 박스
向	（介）	xiàng	15	…へ…にむかって
				…에게, …을 향하여
小伙子	（名）	xiǎohuǒzi	9	若者
				젊은이, 총각
小说	（名）	xiǎoshuō	13	小説
				소설
小心	（形）	xiǎoxīn	14	用心する、気を付ける
				조심하다. 주의하다.
鞋子	（名）	xiézi	9	靴
				신발
星期	（名）	xīngqī	1	曜日
				주일, 요일
行李	（名）	xíngli	6	荷物
				여행짐, 수화물
修	（动）	xiū	6	修理する
				수리하다

Y

牙	（名）	yá	12	歯
				치아
眼光	（名）	yǎnguāng	9	眼力、見識
				안목
夜景	（名）	yèjǐng	14	夜景
				야경, 밤 풍경
一点儿	（副）	yìdiǎner	2	少し、ちょっと
				조금, 약간
一定	（形）	yídìng	7	必ず、是非
				반드시, 필히, 꼭

魔力汉语

一共	（副）	yígòng	8	全部、合わせて 전부, 합계, 모두
一见钟情		yí jiàn zhōng qíng	4	一目ぼれする 첫눈에 반하다
一起	（副）	yìqǐ	1	一緒に 함께, 같이.
一下		yíxià	3	ちょっと…する 한 번 (동사뒤에놓여) 좀…해보다
医院	（名）	yīyuàn	12	病院 병원, 의원
阴天	（名）	yīntiān	10	曇り 흐린 날씨
音乐会	（名）	yīnyuèhuì	4	音楽会、コンサート 음악회, 콘서트
音乐厅	（名）	yīnyuètīng	4	コンサートホール 음악당
饮料	（名）	yǐnliào	8	飲み物 음료수
油腻	（形）	yóunì	11	脂っこい、しつこい 물리다. 질리다.
邮票	（名）	yóupiào	7	切手 우표
游泳	（动）	yóuyǒng	4	泳ぐ、泳ぎする、水泳する 수영을 하다.
有意思	（形）	yǒuyìsi	14	面白い 재미있다. 흥미롭다.
右	（名）	yòu	5	右 오른쪽
愉快	（形）	yúkuài	14	愉快である、楽しい 유쾌하다. 즐겁다.
遇到	（动）	yùdào	15	出会う、遭遇する (우연히) 마주치다.

186

远	（形）	yuǎn	2	遠い
				멀다.
愿意	（动）	yuànyì	12	…したいと思う、願う
				원하다. 희망하다.
运动	（名）	yùndòng	13	運動
				운동

Z

杂志	（名）	zázhì	14	雑誌
				잡지
糟糕	（形）	zāogāo	6	だめになる、めちゃくちゃである
				아뿔사, 아차, 야단났군
怎么办		zěnmebàn	6	どうしよう
				어떻게 하죠.
账户	（名）	zhànghù	6	口座
				계좌, 구좌
着急	（形）	zháojí	6	焦る、いらいらする、心配する
				조급해하다. 안달하다.
着凉		zháoliáng	12	風邪を引く
				감기에 걸리다.
找	（动）	zhǎo	3	訪ねる
				찾다. 구하다.
找	（动）	zhǎo	8	（つりを）出す
				（거스름돈을）거슬러 주다.
照片儿	（名）	zhàopiānr	8	写真
				사진
照相机	（名）	zhàoxiàngjī	6	カメラ
				카메라
这儿	（代）	zhèr	1	ここ
				여기,이곳
这样	（代）	zhèyàng	6	こんな、このような
				이렇게, 이래서

正在	（副）	zhèngzài	14	（動作が進行中であること、状態が持続中であることを表す）ちょうど…している 마침 (…하고 있는 중이다).
直达	（形）	zhídá	5	直通 곧바로 가다. 직행하다.
止	（动）	zhǐ	10	止める 그치다. 멈추다.
只有	（副）	zhǐyǒu	10	ただ…だけが…、…してこそ初めて… 오직, 오로지
中号	（名）	zhōnghào	9	M サイズ 중간 크기. 중간 사이즈
主食	（名）	zhǔshí	11	主食 주식
著名	（形）	zhùmíng	14	有名だ、著名だ 저명하다. 유명하다.
转	（动）	zhuǎn	10	変える、渡す 돌리다
粥	（名）	zhōu	11	お粥 죽
自动	（形）	zìdòng	8	自動 자동적인, 자동의
走	（动）	zǒu	1	歩く 걷다. 걸어가다.
左	（名）	zuǒ	5	左 왼쪽
做饭		zuòfàn	14	ご飯を作る 밥을 하다

专有名词

麻婆豆腐		mápódòufu	11	マーボードーフ
可口可乐		Kěkǒukělè	8	コカコーラ
韩国料理		Hánguóliàolǐ	11	韓国料理
日本料理		Rìběn liàolǐ	11	日本料理
酸辣汤		Suānlàtāng	11	酸っぱくて辛いスープ
外文书店	（名）	WàiwénShūdiàn	5	外国語の本屋
乌龙茶		Wūlóngchá	8	烏龍茶
雪碧		xuěbì	10	スプライト
西餐		xīcān	11	洋食
颐和园		Yíhéyuán	5	颐和園
鱼香肉丝		Yúxiāngròusī	11	肉の千切りと唐辛子の炒め
中餐		zhōngcān	11	中華料理

마파두부요리

코카콜라

한국요리

일본요리

쏸라탕 (두부, 닭, 돼지의 선지를 잘
게 썰고 후추와 식초를 넣어 끓인 탕)

외문서점

오룡차 (일본인들이 즐겨마시는 차)

사이다 (스프라이트)

서양음식

이화원

위샹로우쓰 (돼지고기와 당근 등을 잘
게 썰어서 볶은 요리)

중국음식